# やる気を起こせ!

ジョージ・シン　島田一男 訳

THE MIRACLE OF MOTIVATION

三笠書房

やる気を起こせ！❖目次

# 1章 この「動機づけ」で人はここまで変わる！

# 2章

# 毎日を疲れないで生きる「頭と心・体」のリフレッシュ法

# 3章

# 「何がポイントか」を見抜け、それだけで生き方が変わる！

# 4章

# 物事をもっとシビアに、もっと現実的に処理する法

# 5章 自分に「勝ちぐせ」をつける一番効果的な思考法

## 6章 人生、ここまでできれば、後悔するはずがない！

# 1章

# この「動機づけ」で人はここまで変わる!

情熱とは自分の使命、仕事に熱中すること。情熱があれば、ものごとは好転する。それは、情熱が好転を信じるからだ。

# 1 なぜ、こんな〝魔法みたいなこと〟が現実に起こるのか！

あなたはどんな人生を送りたいか——こう聞かれて、「成功したい」と答えない人はまずあるまい。

ではどうすれば成功を手にすることができるだろうか？　それにはまず、自分が何をしたらいいかを知ること、どうすれば成し遂げられるかという知識、そして実行にいたる「自己動機づけ」がなければならない。本書は、この「自己動機づけ」について述べたものである。

「自己動機づけ」とは何か？　これには二つの面がある。精神面と肉体面である。たとえば、「どこかへ行きたい」という気持ちは精神的部分、「そこへ行く」という行動は肉体的部分だ。気持ちと行動、この二つがそろってはじめて、行きたいところへドライブできるというわけだ。自己動機づけ——つまり意志と行動——これこそ、成功への鍵なのである。

成功者を観察してみるとよくわかる。成功者といわれる人たちは、一つの目標に到達するとすぐに、新しい、より高い目標を定めて、もっと大きな成功へ、大きな幸福へと階段をのぼりつづけていくものだ。むろん、こういった人たちも失望することがないわけではない。ただ、失望や失敗を乗り越える方法を知っているかどうかが、成功者になるかならないかの分かれ道といえるだろう。

さて、ここで根本的な疑問が起こってくるはずだ。「自分が立てた目標に、どうしたら到達できるだろう？　なりたいと思うものに、どうしたらなれるだろう？」

この問いに答えるのが本書なのだ。どうすれば幸福と成功を手に入れることができるか。これまでたくさんの人たちが実際に試みた方法、簡単なことでありながら必ずよい結果が得られる方法を述べてみたいと思う。これらの方法は、自分のために努力しない人たちにとっては、何の役にも立たないかもしれない。けれども、前進したいと望んで、目標に向かって行動する人には、きっと有力な助言を与えることができるだろう。

## 文句タラタラ人間をここまで変える「動機づけ」の奇跡

アメリカ総合保険会社の創設者であり社長でもあるストーン氏が、こんなことを話してくれた。

ある女性が、「ストーン氏の著書を二冊読んだけれど、お金の無駄だったわ」と怒って電話をかけてきたというのだ。ちょうどストーン氏は外出していたので、リンダという女性秘書がこの電話を取った。その女性は、電話口でこういったそうだ。

「あなたのボスの書いた本読んだけど、何も起こりゃしないじゃないの。主人はいまだに仕事がみつからないし、銀行の口座もいまだに雀《すずめ》の涙ほど。私は私で一日に一〇時間も立ちっぱなし——安レストランのウェイトレスよ。何も変わりゃしないじゃない！」

そしてこの女性は、「心に思い描き、信じることのできるものは、必ず実現できる」というストーン氏の著書の一節を引用してなじったという。

洞察力のある秘書のリンダはこうたずねた。

「ストーン氏の本をお読みになって、どういうことを実行なさいましたの？」

長い間考えていたが、電話の女性はこう答えた。

「待ってたのよ」

リンダは、日頃からストーン氏が口にしている助言を聞かせた——「どうしたら向上できるかを書いた本は、読者がそれを読んだ後に、何かを実行しなければ何の意味も持たない」

それからリンダは、もう一度その本を読んで、魔法の呪文ではなく、実際にやってみることができそうな、自分に適した考え方なり工夫なりを探してみてはどうかとすすめた。そして、リンダはこうつけ加えたのだった。

「知識とか技術を身につけるのもよいのではないでしょうか。そうすれば、あなたのおっしゃる安レストランのウェイトレスよりは、給料もよい、もっと働きがいのある仕事につけるかもしれませんよ」

数カ月後、その女性がまた電話をかけてきた。彼女は、リンダの名前を知らなかったけれど、たまたま、またリンダが電話に出たのだ。見知らぬ女性はこういったそうだ。

「私のことを覚えてないかもしれないけど、ストーンさんの本を読んだら、待ってるだけじゃなくて何か実行しなさいっていってくださったでしょ。私があれからどうしたか、ぜひお話ししたかったの」

リンダにいわれた通り、彼女はもう一度本を読みなおし、実行できることを探した。夫にも読ませた結果、夫はまだ失業中とはいえ、やる気になって一生懸命仕事を探している。彼女は専門学校で税務と経理の勉強をはじめた。資格を取ると学校で就職を斡旋してくれ、しかも前のレストランと比べると給料は倍になるということだった。

この女性は、最後にこういった。

「まだまだ先は長いわ。借金もたくさん残っているし――でもとにかく一歩前進をしはじめたんです。あなたに一言お礼をいいたくて。あなたにいわれた通り、ストーンさんの本には、ちゃんと答えが書いてあったわ」

こんな「魔法みたいなこと」が誰にでも起こり得るのだ。これが、「動機づけの奇蹟」である。ただし、ストーン氏の場合と同じで、実行に移すことが必要なのはいうまでもない。

## 「ツキ」も能力、意欲のある人のところにしかまわってこない

地位を向上させたい人、より幸福で満ち足りた生活をしたい人、新しい記録を打ち立てたいと願う人、全く不可能と思えるようなことを成し遂げたいと思う人、そういう人たちはぜひ、この本を役立てていただきたい。ストーン氏の話の女性のように、進んで自分を動機づけ、進んで行動を起こせば、必ずすばらしい奇蹟が起こるだろう。

現代社会では、成功や幸福は運によるといって人は自らの気持ちをなだめることがある。しかし、これは違う。断じてそうではない。短期間なら、運のよしあしに左右されることもあるだろう。だが、目的を持った行動を続けていなかったら、運が向いてきた時にどうしてそれを利用できるだろう。また、全然ツイてない時に、どうして幸福や成功にいたる道を見出すことができるだろう。

この本を解く鍵は読者一人ひとりがにぎっている。成功するにはどういう心がまえが必要か。どのように目標を立てれば効果的か。何か問題が起こった時、健康と生きる姿勢がどれほど重

大で助けになるか。技術を身につけるにはどうすればよいか。よい生活設計を立てるにはどうするか。また、どうしたら時間を無駄なく使えるか。そして、特に、信じること——自分を信じ、他人を信じ、神を信じることが、どれほど大きな力を与えてくれるか。本書を読めば、そういったことがわかるに違いない。ただ、自分から行動を起こさない人にとっては、この本は何の意味もなくなってしまう。

繰り返していうが、動機づけこそ成功の秘訣だ。すべて自分から積極的に目標に向かって前進しようとする読者には、この動機づけは有益だと信じている。

さて、これから、実際にさまざまな困難に打ち勝って成功と幸福への道を発見した人たちの実話をまじえながら、話を進めていくことにしよう。

## 2　やる気に燃えている人に「手遅れ」はない！

「信じる」ということは一つの心がまえであり、ものの考え方であるといえる。心がまえというものは、知識と経験から生まれる。さらに、自分の気の持ち方を変えたいと思えば、変えることもできるのだ。

いやなクセがあるとか、人に対して横柄だとかいう理由で、ある人物を嫌う、というような経験は誰にもあるだろう。ところが後になって、その人物の態度が変わったことを知り、尊敬に近い気持ちを抱くようになったりする。ある人に対する見方が変わったのは、つまりその人自身が変わったからなのだ。

同じことが、自分自身についてもいえる。自分自身が変われば、自分に対する考え方、人生に対する考え方も変えられる。だから、自分を変えていかなければならない。

いつも、自分は不幸だ、どうしてよいかわからない、夢は実現しそうもないし、まるでどん底だ、などと思ってはいないだろうか。

落ち込んで、何もかもあきらめてしまうのは一番簡単だ。くよくよしないで潑剌《はつらつ》としているには努力がいるからだ。しょげ返って絶望に身をまかせるのが安易だというわけは、それには何の行動もエネルギーもいらないからだ。しかし、それでいいのか、それで幸福だろうか。そんなはずはない。誰でもチャンスをつかみたいのだ。

チャンス。これは自分の心がまえから生まれてくるし、つくり出そうと思えばどこにでも転がっている。ただ、チャンスをつくるには、積極的な態度がなければならない。

自分自身に対する見方を改善したいという強い気持ちがない人は、向上心を持てないだろうし、この本を読もうという気にもならないだろう。自己改善の必要性を認めることはよいことだ。なぜかといえば、それはあなたが自分に対して正直であり、心の安定と自分への確たる自信、人間としての成長を望んでいる、ということを示しているからである。

そして、これらを実行に移すための第一歩は、まず自分を信じることだ。

## 「期日指定」のない夢は何の意味もない

自分を信じるというのは、わかりきっていることのようだが、自分にしかできないことである。他人はそれを助けてくれるかもしれないが、信じるのはあくまでも自分自身である。そして、自分を信じるということこそ、人生を成功へ導くもとになるのだ。自分を信じてさえいれば、自分が何者であろうと、受けた教育や現在の地位がどうであろうと、自分に対して常に前向きで希望を持っていられる。自分を信じるために必要なことを四つあげよう。

①　成功者となり幸福になるための一生の目標、いいかえれば、自分の夢のリストをつくる。

たとえばこんなふうに……

- 他の人たちからもっと必要とされる人間になりたい。
- 会社の社長になりたい。

・立派な教師になりたい。
・立派な親になりたい。
・会社で一番の営業マンになりたい。
・大金持ちになりたい。

目標を書き出したら、優先させる順に並べる。つまり、早く到達したいものから順番に並べるのだ。この時、いつ頃到達したいか、その期日も一緒に書いておく。もちろん、期日も目標も、実現可能な範囲のものでなければならない。

② 目標ごとに、そこへ到達するために通らなければならない段階《ステップ》をリストにする。たとえば、

・会社の社長、上司に自分が昇進に値することを、仕事の実績をとおして納得させる。
・社内の営業マンの中で一番の成績をおさめる。
・会社にとって非常な利益になるようなアイディアを出す。
・会社外もふくめて生産的な人間関係をつくる。
・年俸が増えるような地位につく。
・人にやさしくする習慣を身につける。

・力になってくれるような友達を増やす。
以上のようなことを、段階的に書いていく。

③ 目標に一歩一歩近づいていくためには、ある種の性質が要求される。この場合も、できる限り正直に自分をみつめて、必要と思われるものをリストにしよう。一〇か二〇、あるいはもっとあるかもしれない。たとえば、正直、誠実さ、人当たりのよさ、よく気がつくこと、小ざっぱりした身なり、責任感、等。

④ 前項目③のリストに関連して、今、自分に足りない、あるいは欠けている性質のリストもつくっておく。身につけなければならない性質だ。ここが出発点。つまり、この性質を身につけ、リストから消していくことが、目標への第一歩になるわけだ。

自分を正直に検討しながらリストを作成するだけで、かなり眺望が開けてくるだろう。これが出発点だ。現在の自分というものの輪郭がわかり、目標に達するために必要なものの輪郭がわかったのだから。

## どこに「照準」を合わせて自分をコントロールしていくか

さて、④のリストにあげた自分の欠点を克服することに集中するために、いくつかの考え方、あるいは精神を操作する方法がある。

この考え方は、朝起きてから夜寝るまで繰り返し繰り返し反芻《はんすう》することが必要だ。成功者でさえ、常に成功者でいるためにはいつも自分にいい聞かせているのだ。そのようにして、赤貧から身を起こして富豪になった人もあれば、不幸のどん底から幸福を手にした人もある。

では、どのような考え方の操作法があるかをみてみよう。

(1) 何事にも積極的な考え方をすること。自分自身についても同じである。否定的な考え方をすると気力も創造性も人生の喜びも失われてしまい、その人の可能性もいちじるしく限られてしまうということは、多くの心理学者が証明している。否定的な考え方ばかりしていると、健康まで損なわれてしまう。成功の度合は、いかにものごとを肯定的によいほうに考えるかにかかっているといえよう。

(2) 常に最善を期待し、最善を尽くそう。絶えずベストを尽くしていると、今までベストと思っていたものよりさらによいものが生まれてくる。これがプラスの行動なのだ。

(3)　常に目標に焦点を合わせ、実現する時のことを思い浮かべること。ヤードラインやゴールラインなしのフットボールなんて想像できるだろうか？　チームに必要なのは目標である。この場合の目標はタッチダウンで得点を入れること。クォーターバックがリーダーの場合、彼は自分で得点することを考える。つまり、ゴールは達成できるものと考えるわけだ。相手のディフェンスを読み、それに従って作戦を立てる。ロングパスのチャンスがあるとわかればロングパス。ディフェンスが固い場合は、相手をかわしながら少しずつ前進。だが、どんな場合でも目標は一つ、得点することだ。

これと同じように、成功することを心に描いて常に目標から目を離さないことだ。同時に、目標へは最善の道を選ぶことも大切だ。幸福な自分を想像し、会社で重役になった自分を想像する。そうすれば驚くべき効果があがるだろう。本当に目的を達成したかのように行動できるだろう。

(4)　常に前をみること。昨日はもう戻らない。昨日の悩みも過ぎたこと。今日という日は新しく、その気にさえなれば、すばらしいチャンスや奇蹟はいくらでもみつかるはずだ。

(5)　目的を達成するためには、代償を惜しまないこと。心から熱望すること、役に立ちたいと思うことを、人は何でもやってみる権利があるのだ——人の道を踏み外さない限りは。

(6)　いつも自分を信じること。これはとりわけ大切である。望むものは、何でも手に入ると信じるのだ。積極的にチャンスの扉を開いてみよう。目的意識をはっきり持って、チャンスを最大限に生かそう。

## 「自信」は一瞬にしてここまで人を変えてしまう！

自分を信頼することから、自信と冷静さが生まれる。人間の頭脳が一番よく働くのは、自信があって冷静な時だ。自信がないというのは、非常にマイナスの状態で、決してよい結果は生まれない。

私が開いているビジネススクールに、ボビーという生徒がいた。卒業生は全員そうなのだが、ボビーも二年間の課程を終わった後、就職の面接を受けることになった。ボビーはしきりに自信がないといっていたが、面接の朝になって私の部屋にやってきて、とてもダメだというのだ。面接を取り消してくださいという。

ボビーがあまり取り乱しているので、その日の面接には他の生徒を行かせることにしたが、帰ろうとする彼に私はこういった。「君には、明日別の面接を受けてもらおうと思うんだ。今度はきっと行ってもらいたい。その前に、一つ考えておいてほしいんだ。いいかい、この学校が面接試験に送り出す生徒は、みんな私たちが誇りに思い能力を信じている生徒ばかりなんだよ。私たちに恥をかかせるような生徒を社会に送り出すと思うのかね？　私たちは君を信じているんだ。君に必要なのは自信を持つことだけだよ」

ボビーが帰った後、私はある会社の社長をしているジムに電話をかけた。彼から秘書室長候補の男性を探してくれと頼まれていたのだ。

それでボビーの話をした。ジムはがっかりした。室長候補として教育できるような優秀な男性でなければ、というのだ。

「そこを何とか面接だけでもしてくれないか、頼むよ。とても有能だ。自分で気がついていないだけなんだ。自信がないんだな。何回か面接を受けるだけでも、彼にとってはよい経験になると思うんだ」

こうして無理に頼み込むと、ジムはしぶしぶ会ってみようといってくれた。

翌朝、私の部屋に姿をみせたボビーは、自信と熱意にあふれていた。そして面接に出かける前にこういった。「今日、仕事をいただいてきます。自信が湧いてきました。シン先生に誇りに思っていただけるように頑張ってきます」

その面接がただの「試し」だということを、彼に打ち明ける気にはなれなかった。私はいった。「自分を誇りに思うほうが、もっと大切なんだよ、ボビー」

彼が出ていくと、面接を受けることが貴重な経験になってくれればと私は心に念じていた。

電話が鳴った。ジムからだ。

「今日きたのは、本当に君が話していた生徒かい？」彼はこういうではないか。

「君がいってたのとはまるで違うんだよ。おとなしい子スズメみたいな学生を予想していたのに、あらわれたのは自信と熱意にあふれた男性だった。握手した時、指を二、三本折られるかと思ったほどさ」

「まさか！」

「ほんとだ。一、二分、雑談した後で聞いたんだがね。『キーボードは速く打てるかい？』彼は堂々と答えたよ。『はい、一分間に七〇ワード。ミスなしで打てます』。そこで私はいった。『これはかなり重要なポストなので、経理もよくわかる人を探しているんだが』。彼は私の机に体を乗り出してこういったよ。『帳簿も完全につけられます――一つの間違いもなく』

未経験者がこんなに自信を持っていうなんて全く驚いたね。そこで、私は採用と決める前にもう一つ質問をしたんだ。『君はウソをつくかね？』。彼はにっこり笑って私の目をまっすぐみつめ、こういったんだよ。『いいえ、でも教えてくだされぱつけるようになります』」

ボビーは、自分を誇りに思えるようになったのである。そして、そうなる過程で、自信について重要なことを学び取ったのだ。つまり、自信があるように振舞えば、本当に自信が生まれてくるということを。

3

# 頭の鋭さは「目のつけどころ」でわかる

誰にでも、数知れない隠れた才能があるものだ。「隠れた」というのは、その能力がほとんど使われず、眠ったまま力を出しきる時を待っているということだ。

能力がありながら眠らせておくとは、何ともったいないことだろう。潜在能力は、ただためておかずに、目的に到達するための活動のエネルギーに変えなければ、何の値打ちもない。

こうした能力は、人の心の中にひそんでいる――だから、心のあり方を開発し訓練すれば、好きなだけほしいものを取り出せる貯蔵庫、尽きることを知らないすばらしい宝庫になるのである。

隠れた才能を引き出すためには、自分から動機づけをすること、能力を活用するように動機づけをすることが必要になってくる。

たとえば情熱は隠れた能力の一つだ。情熱というのは単に積極的な考え方のことではなく、それを支える行動をも意味する――つまり、積極的考え方の、内外両面のあらわれなのだ。車輪の心棒にさす油のように、目標への旅の潤滑油となってくれる。

自分に対しても自分の目的に対しても、他人や自分を取りまく世界に対しても情熱的であれば、人も積極的に反応してくれるし、一緒にいることを楽しんでくれるに違いないからだ。

## 毎日の仕事の中で鍛えるこの大事な「力」

### ●「記憶力」——情報の「イン」と「アウト」は素早く、正確に

ビジネスの世界では人の名前やできごとを、即座に思いつかなければならない場合が多い。思い出せなくて、売り込みのチャンスを逃す、重大な会合に出そびれる、名前を取り違えて人の不興を買う等は、よくある失敗だ。ついさっき聞いたばかりの情報を忘れてしまったりしては、間抜けというレッテルを貼られても仕方がない。その反対に、人の名前や顔、以前にあった事件を瞬間的に記憶できる人物は、人に先んじることができる。記憶力は有力な武器になる。

では、どうすれば記憶力がよくなるか？

自分にとって本当に大切なことは覚えられるものだ、ということを心にとめておこう。たとえば、新しく上司になった人物に紹介されたとする。この上司の名前を忘れることは、まず考えられない。なぜか？　自分にとってそれが絶対に必要だからだ。「興味を持つこと」——これが記憶力を訓練する第一歩である。

次に必要なのは「集中力」である。他のことは考えず、騒音を遮断し、周囲のあらゆる邪魔を無視することだ。覚えようとする人や事柄に精神を集中する。

次に大切なのは「反復」である。集中しながら何度も繰り返せば、何でも覚えられる。場合によっては、繰り返して書くのもよい。反復練習は退屈だが、簡単で確実な方法だ。努力すれば、必ずそれだけの効果は期待できる。

「連想」も記憶に役立つ。会った人物から何かを連想したり、何かに結びつけて覚えるのだ。ブラウンという人から茶色《ブラウン》を連想する、バーバーという人から床屋《バーバー》のぐるぐるまわる三色の柱を連想する、という具合だ。

### ●「創造力」——アイディアがあふれ出る人の頭の構造

創造力も、記憶力と同様に、訓練して養い必要な時に発揮すれば、目的達成のための有力な武器となる。創造力があるということは、必ずしも無から何かを生み出したり、突如としてインスピレーションがひらめいたりすることを意味しない。一見、無関係にみえる二つの考えや事柄を関連づけることから、創造力が生まれる場合も多い。

たとえば、ハガー社の社長、J・M・ハガーは、上質のズボンを手頃な価格で大量生産しようというヘンリー・フォードの意見を採用した。衣料品業界の常識では考えられない試みだった。しかし、ハガーは、デニムの代わりに背広用の生地の端きれを利用し、外出着にもなる新しいタイプの替ズボンを売り出し、「スラックス」と名づけた。スラックスの誕生は、衣料品業界に革命的変化をもたらしたのだ。

もっと新しいところでは、会計事務所と小企業における会計事務の需要に目をつけたレオ・ローゼン。大学時代に、教授がいつも何百万ドルという数字を扱う大企業ばかりを載せた図を使うことに疑問を持ったのが始まりだった。ローゼンは、小さな会社や工場の経理は誰がやっているのか知りたくなった。

ローゼンは、そうした小さな事務所の会計を預かる方法を考え、総合経理会社を設立した。のちにローゼンは、さらに二つの問題を関連づけて考えた。小企業のための経理事務サービスとフランチャイズ方式を結びつけたのだ。このアイディアは大いに当たって、総合経理会社に属する事務所は三八一、これを利用する小企業は四万にものぼっている。

創造力の必要に迫られるのを待っていたら、また、インスピレーションが湧くのを待っていたら、時間はいくらでもかかる。何か問題が起こったら、助けを求める前に自分の頭で解決しようとすることだ。創造力は、使えば使うほど次々と生まれてくるものだ。毎日の仕事の中で、仕事の副産物として独創的なアイディアが生まれることがよくある。

始終頭を使って創造力を働かせる。これを習慣にすることができれば、次々と問題を解決することができ、目標への到達も早まるだろう。

創造性には、「思いがけない幸運」という副産物がある。つまり、解決しようと思っていることとは何の関係もないことを偶然発見するという幸運だ。たとえば、コロンブスはインドへの道を探検していてアメリカを発見した。アメリカインディアンは、水がない時に楓《かえで》の樹液を採って料理に使い、たまたま煮つまった樹液がメイプルシロップとして使われるようになったという。西部開拓者たちは水を求めて幌馬車をとめ、小川の底に金塊を発見したのだった。これらはすべて、偶然の幸運だ。

こうした幸運を見逃してはいけない。幸運は、創造力を働かせていく過程で、奇蹟のように不意にあらわれてくるものなのだから。

## やっかいな問題はすべて「肯定の形」に置きかえて考えろ！

人間の頭脳の働きのうちでも最も驚くべきものの一つに、潜在意識をあげることができるだろう。意識とは自覚のある頭の働きだ。ものを考えさせ、みるものを記録し、ものごとを理論づけ、主張を形づくり、決定を下す。一方、潜在意識はまさにコンピューターだ。意識的に取り入れたデータは全部ここにしまっておかれる。過去の経験も、学んだこともすべてである。

従って、潜在意識は正しく使えば、問題の解決に最高の力を発揮する。使えば使うほど役に立ち、また有効な使い方ができるようにもなるのである。

問題の解決に潜在意識を活用するためには、まず意識的に引き金を引くことが必要だ。いいかえれば、意識的に問題に焦点を合わせ、何が問題なのかを潜在意識にもはっきりと浸透させなければならない。

次に、その問題を解決したいという欲望を強烈に意識すること。意識が強ければ強いほど、潜在意識への働きかけが大きくなる。この場合「……をしたい」というような肯定的な形で意識することが大切だ。否定的な考えは、否定的な答えしか生まないのだから。

意識的な問題解決への努力が失敗に終わった場合、問題を肯定的な形に置きかえ、解決したいという強い欲望をかきたてておいて、その問題をすっぱりと忘れてしまうのだ。あとは潜在意識にまかせてしまう。するといつの間にか、尽きることのない創造力が働いて、ゆったりと何も考えないでいる時などに不意に解決法が頭にひらめくことがあるものだ。

意識と違って潜在意識は、仕事中でも睡眠中でも、人々が完全にくつろいでいたり、眠ったりしている時に解決の道を見出している。むろん、答えを得るのに時間のかかることもあれば、またたく間にひらめくこともあるけれども。

しかしどの場合でも、問題の解決にできる限りの意識的努力をしたうえで、どうしても解決したいという欲望を潜在意識にたたき込んでおくことが必要だろう。

『潜在意識を上手に使いこなす方法』という著書で、ジョン・K・ウィリアムズは潜在意識から生み出された数々の発見をあげている。次に引用した部分は、趣味に没頭し自分の抱えた難問から解放されている時に、潜在意識からひらめきを得た人たちのことを伝えている。彼らがあらゆる職業、階層の人たちであることも注目に値しよう。

「写真を発明したのは陸軍士官だった。モーターを発明したのは製本会社の事務員である。電信機を発明したのは似顔絵画家、ジャカード織機は洋服屋。農夫がタイプライターを発明し、詩人がミシンを、さしもの師が綿繰り機を、炭鉱夫が機関車を発明した。電話はろうあ学校の教師の放課後の研究によるものだし、ディスク式蓄音機は衣類の行商人の夜なべ仕事から生まれた。はじめて空気入りタイヤを発明したのは、病弱な男の子を持つ獣医だった」

今まで述べてきた情熱、記憶、創造性、潜在意識といったものをいつでも建設的に利用できる力は誰もが持っている。ただ、こうした力を発揮するのは自分自身に他ならない。つまり、自分自身が動機づけによって発揮するしかないのだ。ただ考えているだけではダメだ。目標を定め、それに精神を集中し、〝実現図〟を想像する（集中すべき目標が必要だということは、潜在意識を働かせるためには目標が必要だということだ）。そして積極的な考え方をすれば、情熱的になり、記憶力もよくなる。創造力を働かせ、潜在意識の力を借りて、問題を解決することもできるのだ。

自分が人生で手にする結果は、まさに目標を達成するために喜んで費やす労力と正比例する。心から望み、そのように行動しさえすれば、不可能なことはない。

## 4 〝しまらない〟生き方はするな！

一生の間に手に入れたいもの——成功、幸福、目標の達成——これらは、他の誰でもない、自分自身の手でつかまなければならない。友人や家族も助けにはなるが、全責任は自分にある。目標を達成するには積極的な考え方が基本だと前に述べたが、積極的な考え方を燃え立たせても、それを行動に移さなければ意味がない。この発火剤となるのが情熱である。情熱があればあるほど、適切かつ強烈な動機づけができるのだ。

この問題を考えるにあたって、フットボールの試合を想像してみよう。ここでは観衆はファン、つまり一時的な「熱狂者」で、声を限りに応援すれば味方が勝つと信じている。

目標に向かう時にも、このように情熱をかきたてることができる——人生に対して「熱狂的」になるのだ。こうした精神状態をうまくつくり出し、正しい方向に向ければ、目的達成の大きな力となるはずだ。熱意とは、一つの態度であり、ものの見方であり、燃えあがるような精神の高揚を与えてくれるものだ。熱中していれば、まさに生きている、参加している、戦っているという充実感を味わうことができる。熱中とは、「神の力に満ちた」あるいは「心に神がいる」という意味なのである。

だらだらしたテレビショーや、緊張感のない試合ほど退屈なものはない。まるで気の抜けたコーラだ。情熱と興奮がそこに加われば、どうなるだろう？　われわれの目はテレビに釘づけになるし、観衆は総立ちになる。

人生はコーラと同じだ。刺激がなければならない。

健康で幸せな子供は、毎日をどれほど熱中して過ごしていることだろう。どんなわけがあるにしろ、多くの人が大人になるにつれてそういう気持ちを失っていくのは残念なことだ。フットボールの試合の時などに、ほんの何分かそれを取り戻すこともあるにはある。しかし、情熱の火を常に燃やしつづけることのできる人こそ、世界をその手におさめることができるのだ。

熱中とは、好奇心と自信と期待とを持って、多少の危険はものともせずに、敢然と人生に立ち向かう態度であるともいえる。

## 「ものごとはすべて最良の結果に終わる」と確信する男の仕事術

熱中して事に当たれば、可能性は無限に広がるわけだが、どういうことが可能になるかの例を二、三あげてみよう。

(1) 熱中は困難を挑戦に変える。世界でも有数の出版社を創設したリチャード・プレンティス・エッティンジャーは常々、「ものごとはすべて最良の結果に終わる」と信じていた。会社にとって危機は何度もあったが、それを困難とは受け取らずに挑戦状として受けとめた——挑戦を受けて立ち、問題を解決して社員を励まし、より大きな生産性の高い会社に育てつづけたのである。彼は自分がガンにかかった時でさえ「ものごとは必ずよい結果に終わる」と信じつづけた。この信念のもとによい治療を受け、医師の予想よりはるかに長く生きながらえることができたのだ。

(2) 熱中は周囲の人々をも熱中に巻き込むことができる。自分にあるのと同じ情熱を人にも呼び起こすことができる。仕事仲間であれば、互いに鼓舞し合って仕事に熱中できるわけだ。

(3) 熱中は精神を自由にする。不安、緊張、恐れを追い払ってくれる。気持ちが自由でのびのびしていないと、ストレートな考え方ができなくなり、独創性も発揮できない。

(4)　熱中することで自分をもっとよく知ることができる。熱中と積極的な考え方とは相まって作用し、長所と短所を認識することによって自分を分析しやすくしてくれる。さらに、長所をのばし、短所を克服する助けともなる。

(5)　熱中は目的の実現をもたらす。あらゆることが可能であり、夢は実現すると信じさせてくれる。目的に自分を向かわせるための、いわば燃料になるのである。

## 「熱中状態」を習慣化しろ！

熱中から最大の実りを得るには、いくつかの操作が必要だ。そうすれば、熱中状態が自動的に起こる。つまり、習慣化するのである。その方法をあげてみよう。

- 過ぎたあやまちや失敗は忘れ、現在に熱中しよう。
- 今日成し遂げたいと思うことのリストをつくり、それに熱中しよう。
- 照準を合わせよう。目的に向かっている自分の姿を想像しよう。夢は実現する、現在はその最も重要なステップだと信じよう。

・より大きな困難を乗り越えるには、より大きな情熱が必要なことを、心にとめておこう。
・時には立ちどまって、検討してみよう。目標までに後どのくらいの段階を踏まなければならないか、時間の制限はどのくらいか。着々と進んでいるか、努力は充分か、改善する余地はないか。
・自分に報いることも必要である。ある段階まで進んだら、何かの形で自分をねぎらってやることだ。レストランでディナーを取る。今までほしかったものを買う等。
・心に描くものは何でもできるのだ、と信じつづけること。情熱的に考えよう。

目的に向かって動いていくためのモーターが行動であり、そのモーターにさす油が熱意だ。それがなければ、何もかもさびついて役に立たない。しかし熱意があれば、積極的にものを考えることができ、目的は達成され、人生は充実したものになる。自信は確固たるものになり、輝かしい世界が開けるのだ。

今夜は、生命を与え、祝福を与えたもうた神に感謝を捧げよう。そして心の中のすべての悩みを忘れよう。安らかに眠ることだ。朝、目がさめたら、その日こそすばらしい日になるだろう。どんな難問が待ちかまえていようと、自信と能力と熱意があればきり抜けられないことなどないのだから。

## 5

# 「変わること」を恐れては何もできない！

人生に変化はつきものだ。われわれを取り巻く環境、習慣、行動の仕方、考え方、信仰、礼儀作法、あらゆることが変化している。われわれがどのように変化をつくり出すか、起こった変化をどうするか、それにどのように対応するか。このことが、成長できるかできないかの鍵だといえる。

すべては絶えず変化しているにもかかわらず、変化に逆らいたがる傾向は強い。それは変化が人間の生活や活動に、未知の要素をもたらすからだろう。現状に問題があっても、知らないことに挑戦するよりはそのままでいたいと思ったりするものだ。そのほうが安全だし、過去にあったことのほうがわかりやすく、対処しやすいと感じるのだ。この考え方に従っていくとどうなるだろうか？　変化という衝撃からできる限り遠ざかろうとする。たとえ不幸であっても「安全」と感じれば、問題を抱えたまま生きようとする。つまり、解決できるかもしれないのに、新しい問題を引き起こす可能性のある事件を勝手に無視して、もっぱら消極的な考え方に引っ込んでしまうのである。

こうした考え方は、われわれをどこへ導いてくれるだろうか？　どこへも、決してどこへも導いてくれはしない。

変化を受け入れ、その変化に最良の対応をするということが成長するということだ。変化のないものは成長しない。小さな双葉が大きな草木になり、つぼみが花と開き、ヒナがかえり、子供が大人になるように、生命あるものの行動は、変化と成長に他ならないのである。

## 乗り越えた試練は確実に自分の「自信」となる

変化を受け入れて適応し成長しつづける人が、勝利者となり、成功者となるのだ。変化に対応できない人は成長しない。人生の半ばで、肉体的にあるいは精神的に滅びるしかない。

とはいうものの、時宜《じぎ》を得た成長というものがむずかしいことは、自然界をみてもよくわかる。

植物は堅い地面から芽を出し、石ころを押し分けながら芽をのばし花をつける。厳しい自然環境が植物を鍛え、生きのびさせる。それに打ち勝つ力がなければ、枯れてしまっただろう。植物の生きる目的——それは、成長して花を咲かせ、次の世代へと子孫を残すために種子をつくることだ。植物は、強い性質を備えて子孫をいつまでも繁栄させようと、自ら厳しい条件に挑戦している。それが「適者」となる道なのだ。

人間も、植物と同じではないだろうか？　目的を持ち、たとえ困難にぶつかることがあっても、変化に順応しなければならない。なぜなら、それが成長であり、成長は、「適者」になるための力を与えてくれるのだから。

ただし、成長したいという気持ちが内から湧いてこなければならない。植物は誰から強《し》いられるのでもなく、自ら石を押しのけてのびる。同時にわれわれも、障害があっても乗り越えて成長しなければならないし、植物のように自分の力でそれをやり遂げなければならない。友人などの励ましも力にはなるが、成長するのはあくまでも自分自身であり、この事実を避けて通ることはできない。

成長とは、新しいことを試みる勇気と自信を持つことなのだ。そして、その過程で、木が成長するために古い葉を落とすのと同様に、古びた時代遅れのものを捨てることも必要なのだ。当然、そこには危険も伴うし、ときには胆《きも》を冷やすようなこともないとはいえない。とにかく、先に何が待っているかわからないのだから。未知の世界を探検しよう。しかも同時に、おもしろいと思うこと、わくわくするようなことに目を向けよう。確かに、いつも苦労なく成長できるとは限らない。成長は時として苦痛を伴うものだ。

では、成長はその苦しみに値するのだろうか？　選ぶのは自分だ。ただ漫然と他人に頼って生きるか、苦しみながら成長し、自分の人生を力の限り生きていくか。どちらの生き方を取ることもできるのだから。

## 常に脱皮しつづける人に「年齢」はない！

一般に、成功とはある行為が「ハッピーエンド」に終わることだ、と考えられている。どういうわけか、成功に「ハッピーエンド」はつきものと思われているが、実際には成功は、決して終わることのない旅の道標にすぎない。「……を成し遂げた」と完了形で語られる人物はもうすでに過去の成功者であって、現在には何の資格も持っていない。彼の活動は終わったのだ。どんな成功も、永遠につづくことはない。

冒険家でもない限り誰が、コロンブスが使ったような小船で、あるいはメイフラワー号と同じ船で、大西洋を横断したがるだろうか？　もっと早く、七時間かそこいらで目的地に着き、他の時間は有効に使いたいと思うのではないだろうか？　ライト兄弟も現在まで生きて、燃料タンクを切り離しながら火星や木星、いやもっと遠い星まで飛ぶことのできるロケットをみたら、自分たちの処女飛行のことなど忘れてしまったかもしれない。コロンブスも、清教徒たちも、ライト兄弟も、われわれの歴史にとっては重要である。しかし、時代の変化は、彼らの成功をはるかに越えているのだ。そのことは、彼ら自身がまっさきに認めることだろう。

どんな成功にも、それを越えるものがあらわれる。しかもその時期は思ったよりずっと早くくるものだ。だから、絶えず新しい目標と夢を抱かない限り、一つの成功を遂げるとすぐにもう過去の人物になってしまう。ある程度の成功をおさめると、ほとんどの人はそこにとどまり、名声も忘れ去られる。そうではなかった人たちの例をいくつかあげてみよう。

インディアナ大学の水泳コーチ、ドク・カウンセルマン。彼は五十八歳の時にイギリス海峡を泳いで、最年長者記録をたてた。五十代の前半までナショナル・ホッケーリーグでプレイを続けたゴーディ・ハウは、自分の歳の半分という若い選手と戦って全くヒケを取らなかった。

サンフランシスコ州立大学の学長を務めた後、定年退職をしたS・I・ハヤカワ。彼は「引退」したあと、七十歳の時に上院議員となった。ハヤカワ上院議員は成長に関する哲学を持っていたのだ。「変化にぶつかっていくことができなくなってはじめて、人は歳を取るのだと思います。今までしたくても時間がなくてできなかったことが定年を迎えるとできるのです。その気力がありさえすればね。六十五歳であっても、新しいものごとを求める心が、私を若々しくさせるのです」

この哲学を実行した実業家、ロイ・スミス。彼は八十六歳で保険代理店をはじめ、二年後には一〇〇万ドルを越す保険を扱うまでになった。彼らはほとんど長寿で、最後まで新しいものを生み出しつづけた。アメリカの石油王ロックフェラー、発明家エジソン等……こうした人々はすべて、進んで危険に飛び込み、抵抗にあいながらも成功をおさめた人たちだ。

## 「自省」のない猛進も困りものだ

行動の必要性については、前にも繰り返し述べたと思うが、それとは違ったタイプの行為も必要だ——すなわち、自分を省みるという行為で、これも成長の一部なのである。

会社は、定期的に営業方針を検討する。どの製品が売れているか？　利益はあがっているか？　予想を下まわってはいないか？　公認会計士が帳簿を調べて、経営状態は健全かどうか、会社が業界で立場を失ってはいないかを検討する。すぐに方針を変えなければ倒産する、というような危険はないだろうか？　目標や見込みに対して、現在の状態を調べるのだ。

人間にも同じことがいえる。真剣に目標を定めてそれに向かおうとするなら、自分をみつめることが必要だ。自分を知り、自分のしていることを正しく評価するには、時間をかけなければならない。

謙虚な反省も必要だが、この場合も完全に現実的にならなければ意味がない。反省こそ、自分が進歩したことを見なおし、学んだことを確認し、必要とあれば目的を変更し、優先させたいものを整理しなおすためのよいチャンスなのだ。また、自分というものをトータルに検討し、以前なら不可能と思ったことを成し遂げられる自分に誇りを持つためのチャンスでもある。

前進するのを妨《さまた》げているものがあるとすれば、それは何か、それをどうすればよいか？　古い習慣にかかずらわってはいないだろうか？　過去の失敗に取りつかれてはいないだろうか？　そういう時こそ、前向きになり、過去は河の水のように流れ去ったもの、昨日は二度と返らない、大切なのは今日、明日、何をするかなのだ、と信じよう。

時には、自分は疲れきっている、力の泉は涸《か》れてしまった、もう何も残っていない、と静かな気持ちで考えることも無駄ではない。やがてそこから、今まで思いもかけなかった可能性を見出すこともある。それは、地下を掘ってあり余るほどの資源を発見するのに似ている。

公認会計士の使うTアカウントという方法はおもしろい。T字の左側に資産、つまり、車、家屋というような所有物をリストアップする。右側には、負債、借金の類《たぐい》を書く。両方の欄をトータルして、負債が資産を上まわっていれば問題だし、資産のほうが多ければ健全財政というわけだ。資産が多ければ多いほどよいのはいうまでもない。

自分自身について、定期的にこうしたリストをつくってみるとおもしろいだろう。負の要素（恐怖感、疑惑、ハンディキャップ、自分がダメだと思う気持ち等）と正の要素（能力、価値ある経験、才能、友人、知識等）を書き並べてみる。バランスはどうなっているだろうか？

このリストは、行き詰まった時、何らかの活路を開いてくれるに違いない。負の要素のほうが勝っている時でさえ、自分に欠けているものを知ることは改善への第一歩なのだから。

自省には、次のような四重の効力がある。

- 進路を確認する——これは現在どうであるかということより重要だ。
- 昨日の問題やわれわれの活動を鈍らせる余計な重荷から解放される。
- 何を優先させるか考えなおし、最優先のものから実行できるようにする。
- 手に入れたものに生命を吹き込めるように、われわれに活力を与えてくれる。

## 人生を「散歩気分」で終わる人、「ランナー」のように足腰を鍛える人の差

赤ん坊が、幼児から子供へと成長していく過程をみているとおもしろい。幼い頃は絶えず、食物、おもちゃ、遊び友達の動物といったものに直接手をのばしてつかもうとする。ところが、時々そこに何かしら障害が起こる。手の届かないほど高いテーブルがあったり、さわったとたんにボールが転がってしまったり、仔イヌが他の部屋に逃げ込んでしまったりする。しかし幼児は、ベソをかきながらでもほしいものを追いつづける。少し大きくなると、手に取りたいと

思うだけでなく、何かできないことに出会っても決してあきらめないようになる。自分を信じていて、必ずできると思っている。疑うことを知らないのだ。子供はふつう、しようと決めたことをやり遂げる。これが単純明快な子供の行動だ。

ところが、大人が行動を起こす過程は、もう少し複雑だ。懐疑的にならざるを得ないようなできごとや経験が心に残っている。人から笑われたくないという気持ちもある。友人たちの悲しい経験も脳裡をかすめる。こうして、計画をあきらめたい気持ちになったりする。

ジョギングをする人たちをみていると、貴重な教訓を得ることができる。ジョギングと散歩とは全く違うものだ。散歩は、ゆっくりと時間をかけ、立ちどまって景色をみたり、途中で会った知人とおしゃべりをしたり、暑い日だったら汗を拭いたりもする。だが、ジョギングをする人はそんなことはしない。よい景色であっても、友人と会っても、汗をかいても、一定のリズムで走りつづけ、決して立ちどまらない。それどころか、彼らは汗をかくために走っているのだ。体の訓練をしているからである。多少の無理をしなくては、鍛練にならない。絶えず自分の体力を向上させようとしているので、そのためにはより厳しい練習や苦痛さえも意に介《かい》さないのだ。

このランナーの姿勢は、目的に向かおうとする者の姿勢と同じだ。多少の無理は引き受けなければならない。ランナーのように、息切れしたり筋肉が疲労したり、顔に雨を受けたりすることもあるだろう。しかしその試練こそが、目的に向かう者を鍛えてくれるのだ。

　たびたび自分に無理を強いれば、それだけ望むものを手に入れやすくなる。成り行きまかせにしていては何も手に入らない。成長とは、手をのばすこと、せいいっぱい手をのばして目標に近づくことなのである。


　あらゆる仕事や職業には、その仕事に特有の道具というものがある。これらの道具は、仕事が楽になるように、働く人が自信を持てるようにつくられている。道具を上手に使いこなせば、仕事は楽しくさえなってくるものだ。レンガ職人は水準器やこてを使うし、パン屋は調理道具やオーブン、医者は聴診器やさまざまな医療器具、セールスマンは帳簿や製品のカタログ、という具合だ。

　これと同じように、自分を動機づけて目的に向かうためには、やはり道具が必要だ。道具、すなわち積極的な考え方、自信、常識と直感、はっきりした目標、隠れた能力を引き出すこと、変化に伴って成長する意欲。これらすべては、成長するための道具ともなり、使いこなすうちに研《と》ぎすまされていくのである。

# 2章

# 毎日を疲れないで生きる「頭と心・体」のリフレッシュ法

精を出して脇目も振らずに働く。これがこの世で最も安価な、そして最上の健康薬である。

# 1 エネルギッシュな心と体をつくる秘訣!

自分の目標を達成するには、エネルギーが必要だ。ロケットを打ちあげるための点火剤、あるいは、車を動かすガソリンの役目を果たすのがエネルギーなのだ。しかし、一人ひとりが開発しなければならない行動エネルギーの量は、バケツでは測れない。人間のエネルギーは、その人の心身の状態で測るしかないのだ。

最初に一マイル(約一・六キロメートル)走で四分の壁を破ったのは、ロジャー・バニスターという医師だった。彼は、健康であることを次のように述べている。「心と体が調和した状態。こういう時は、何事にも最高の能力が発揮でき、最高に幸せだ」

健康は、体と心の両方にかかわる状態である。健康だというのは、心身ともに満足できる状態である。不健康というのは、一時的あるいは永続的な病気のために精力が衰えている状態、あるいは健康な時に可能なことができない状態である。

正しい行動を取るには、正しい感じ方をしなくてはならない。まさに、健全な精神は健全な身体にやどるのであり、体が健康であれば、気力も充実し、楽観的になり、調和の取れた幸福な気持ちになれる。

成功者にはすべて共通点がある。きわめて精力的だという点だ。年齢には関係ない。彼らは自ら心身を大切にして、精力を養っているのだ。

肉体的な障害をばねにして成功を手に入れた人もいる。スタインメッツ（一八六五〜一九二三。アメリカ最高の電気工学者の一人。交流計算法を確立した）、ベートーベン、ヘレン・ケラーといった多くの例が歴史に残っている。彼らは障害を乗り越えて成功者となり、自分の不幸を完全に克服したのだ。

人の健康を管理するのは医師だというのが、長い間常識になっていた。今では、この考え方が変わりつつある。医師も相当力になってはくれる。病気になった場合、どうすればよいか、どういう処置が必要かを教えてくれる。しかし、医師が一人ひとりを毎日観察し、運動量は適当か、食事のバランスは取れているかをチェックしてくれるなどということは考えられない。自分でしなければならないことだ。自分から健康と精力的毎日を望むように、自己動機づけをしなければならない。食べ過ぎ、飲み過ぎ、運動不足、喫煙などの言い訳をするのは簡単だ。しかし、不健康のもとになるこういった習慣を断つために、自分を鍛えることこそ成功への第一歩なのだ。

健康とは単に体のことだけでなく、頭にも心にも影響をおよぼすのだ。健康を全体論的に捉えると、人は一人ひとり違っていて、体と頭と心の状態を最高に保つための一番よい方法は個人個人がみつけなければならないという結論に達するのである。

## 「何を、どれだけ」口にするか、にまで細心の注意を！

栄養を取り老廃物を捨てるということは、われわれの肉体にとって重要なことだ。栄養学では、まだ解明されていない分野もあるとはいえ、研究者たちの結論が一致している点も多い。たとえば、タバコが体に悪いということは、それが現に多くの人たちの健康を害している事実をあげるまでもなく、さまざまな実験から疑う余地がない。

覚醒剤や酒の飲み過ぎが有害なのは、いうまでもない。砂糖や塩も、取り過ぎると害になる。キネシオロジスト（訳注　身体運動の力学を専門に研究している人たち）は、少量でも糖分を取ると、即座に筋肉の力が弱まることを明らかにしている。体のコンディションをよい状態に保つためには、数種類のビタミン、タンパク質、アミノ酸、穀物、それに粗繊維が必要であることも証明されている。太り過ぎは、特に心臓によくないこと、ある種の食物、たとえば肉の脂肪などが動脈硬化の原因となっていることも、通説となっている。

医師や研究者たちが達した、これらの結論を無視して欲望のままに食べたり飲んだりするのは愚かなことだ。しかし、オートミールが体によいかどうか、ビタミンCはカゼの予防薬になるかどうかといった、専門家の間でも意見の分かれている問題は、雑誌の記事をうのみにするのではなく自分の体の反応をみながら、自分の経験から結論を下すべきだろう。

太り過ぎは、一般に食べ過ぎかカロリーの取り過ぎが原因である。主に、循環器系の病気を起こしやすい。減量するのは大変なことだし、減らした体重を維持するのはもっと大変なことだ。しかし、それを両方とも、つまり減量してその体重を保つことに成功した人は数えきれないほどいるのだ。決して不可能なことではない。

マイアミ・ヤコブス短期大学の学長代理であるオースチン・ハリスは、約四五キログラム以上の減量に成功した。自分に確かな目的意識を持たせるために、冷蔵庫の扉にまでいたるところに自分の写真を貼っておいたのだ。減らした体重を保つために、オースチンはスマートになってからも、太っている写真をそのまま貼っておいたという。オースチンがやせるためにしたこと、それはカロリーを減らすこと、つまり食べる量を減らすことだった。

特別な医学上の問題がない場合なら、食べる量を減らせば体重は減る。しかし、医師に相談なしで、やたらな食事療法をするのはよくない。運動も減量のスピードを速めてはくれるが、運動だけでは無理なことが多い（私自身も、一七・一キログラム減量したことがある。はじめた頃はどんどんやせ、運動が大いに助けになったが、やはり食事療法抜きではうまくいかなかった）。

ともかく積極的な姿勢で挑戦すれば、たいして重荷にもならず、早めに目的に達することができるはずだ。

## 疲れた頭と体をリフレッシュする余暇の生かし方・過ごし方

競馬では「勝つ」と見込んだ競走馬に金を賭ける。だが、一度も疾走したことのない馬に賭ける者がいるだろうか？　無論いない。

動物が一番よいコンディションでいるためには、運動が欠かせないことはおわかりだろう。にもかかわらず、動物の世話をするほどにも自分のことをかまわない人が多いのは残念なことだ。動物にとってそうである以上に、人間にとって運動は大切だ。人間の活動は頭のほうに重点がかかっていて、動物のようにふだん体を動かさないからだ。そのうえ、運動は体を鍛えるばかりでなく、頭の働きをも活発にしてくれるのである。

年に一度の休暇に運動すればそれで事足りるというものではない。週に何回か、できれば毎日少しでも体を動かすのが望ましい。水泳でも、サイクリングでも、テニスでも、バドミントンでも、ジョギングでもかまわない。一週間に数回は、一定の時間に運動できるように計画を立てよう。決めた時間には、必ず運動を実行すること。運動は非常に重要なことなのだから、他のことに邪魔されないようにしよう。

少しでも運動をすると筋肉が伸縮し、呼吸が深くなり、汗をかいて、頭はすっきりする。終わった後は爽快な気分になるはずだ。戸外でできなければ、室内でできる運動もある（柔軟体操、筋肉を鍛える運動等）。鍛練の結果は心血管が丈夫になり、心臓発作の危険が少なくなる。また心理的にもすばらしい効果があり、気持ちよく運動している間は、悩みも消えてしまう。

正しい食事療法と運動こそ、健康と若さと長寿のための二大要素に違いない。運動をはじめるのに遅過ぎるということはない。私の知り合いのある男性は、心臓発作を二度経験し、他にもあちこちに故障があったが、七十三歳で再起し、毎朝早足で約三キロメートル歩くことをはじめた――こうして心臓系統を鍛えたのである。

年一度の健康診断の時に、運動に関してぜひ医師と話し合うことをすすめたい。どんな運動が自分の体の現状に適しているかたずねよう。自分で決めた運動計画も、医師のチェックを受けるほうがよい。

レクリエーションは必ずしも運動である必要はないが、毎日の生活の一部となっていることが望ましい。日々の厳しい骨の折れる仕事から解放され、安らぐ時間が必要なのだ。音楽でも、ゴルフでも、園芸でも、キャンプでも釣でも絵でも、何でもよい。自分と自分の暮らしに楽しみを与えてくれることをすればよいのだ。この短い休憩の間に、仕事のつらさをすっかり忘れ、エネルギーを補給し生活の幅を広げるのだ。レクリエーションという言葉は本来、「再び創造する」という意味であり、レクリエーションによって、われわれは明日のためのエネルギーを再生することができる。

## あるアメリカ大統領の「快働快眠」の秘訣

「人は病よりも心労によって死ぬ」ということわざがあるが、全くその通りだと思う。心配ばかりしていると勇気もくじけ、仕事も考え方も支離滅裂になる。怒りっぽくなり気持ちが乱れ、イライラして対人関係を次々とダメにしたりする。

心配は、おおむね自分が問題に対して適当な解決法をみつけ出せないことからくるものだ。

心配や不安はどうすればよいのだろうか？　基本的なことが二つある。心配のリストをつくってみること。それを分析すること。書いて、それを重大な順に並べてみるだけで、心配の大半は消えてしまうものだ。そして、自分よりもっと大きな悩みを抱えた人がたくさんいることに気がつけば、さらに心配のタネは減るだろう。それでもまだ残った問題については、心の中からそれらを一掃するために、より積極的な考え方をしていく必要があるだろう。

アメリカの大統領ほど多くの心労を抱えている人がいるだろうか？　大統領は、実に重大な問題の責任を負わされていて、そのどれもが簡単には解決のつかないものばかりだ。しかも、われわれの問題に比べたらはるかに複雑でもある。にもかかわらず、かつてトルーマン大統領は、一日の執務を終えた後はすべてを忘れて、すぐに眠りにつくことができたという。なぜ、こんなことができたのか？「自信」があったからだ。自分が毎日ベストを尽くしているという、それ以上にはやりようがないという自信——これがあったからこそ、思い悩むこともなかったのだ。あとは神の加護を祈るしかない。自分が全力を尽くしているという確信と、必ず解決の道が開けるという信念があれば、どんなに大きな困難に出会おうと心配はなくなるものだ。

しかし、時には自信や信念を持つことができないことも確かにある。そういう時には、自分を上手にコントロールすることが必要だ。人の悩みに目を向けるのも一つの方法だろう。それを自分のものと比べてみる。自分の悩みがわずかで、取るに足らないものであったら、むしろ自分は幸運だと思えるようになる。

何か、人のためになることをするのもよい方法だ。病気の人を見舞う。体に障害がある人のために何かしてあげる。肉親を亡くした人を慰めに行く、等々。時には、自然を眺めてゆったりと時を過ごすのもよい——今開こうとする花のつぼみ、刻々と色彩を変える日の出や夕焼け空、水音を立てて岩の上を走る小川。また、趣味やその他のレクリエーションで英気を養うのもよい。音楽に耳を傾けると、心安らかな気分になれるし、瞑想にふけるという方法も、何世紀もの間、精神を平静に保つのに効果をあげてきたのである。このようにいろいろな方法で、自信と信念を取り戻すことができる。

## 「貧乏神・疫病神」に取りつく島を与えるな！

周囲をみまわしてみると、自然界で休息を必要としないものは、ほとんどないことがわかる。人間の体も自然の一部だ。燃え尽きてしまわないためには休息が必要だ。体は、休んでいる間に英気を養い、目ざめた時に前よりいっそう活発に働けるようエネルギーを補充しているのだ。忙しいことを理由に、体の要求を無視して休息時間をあまり取らないでいたりすることがある。だが、必要な休養を取らないでいると、必ず体は危険信号を発するものだ。

休養の量は、人によって異なる。自分にはどれだけの休養が必要か、それを自分で見きわめよう。肉体を酷使するのはよくない。

また、睡眠時間はできる限り、きちんと取ること。充分に取れなかった時は、できるだけ早めにその埋め合わせをすることである。

病気にならないという保証はない。しかし、健康的な考え方をし、健康的に行動している限り、状況はずっとよくなるはずだ。

大切なのは健康的な考え方である。これはエネルギーを生み出す源だ。健康的で前向きの姿勢は、体をよい状態に保ち、何事にもフルに実力を発揮できる。個人的な悩みや仕事の行き詰まりから病気になるなどバカげたことだ。ダメだと思うことが、自分をダメにする状況をつくっていくのだ。逆に、成功すると思っていれば、成功への道が開けていくものだ。自分の心と体は強健で活力にあふれていると信じていれば、心も体も、いつかその気持ちに反応していく。

健康的に行動すること。考え、祈ったら、次は自分が行動することだ。健康的な行動は、幸福への鍵である。

## 2　外見も「自分の精神」の一部と思え！

新鮮な果物や野菜を買いに店に入ったとする。どういうものを選ぶだろうか？　むろん、一番おいしそうにみえるものを選ぶに決まっている。新聞を買う時も、シワの寄ったのではなく、きれいなものを買うのではないだろうか？

一番よいものがほしい。果物であれ、バラの花束であれ、会社に雇う人間であれ、同じことだ。外見が非常にものをいうのは、それがそのものの内容をある程度あらわしているからだ。

もちろん、後になって、買ったリンゴがすっぱかったり、バラがすぐしおれてしまったり、よさそうにみえた人物が仕事に適さなかったりすることはある。しかし、とにかく外見のよいものは、第一印象で人を引きつけるのだ。

第一印象を与える機会はたった一度しかないのだから、よい印象を与えるように努めるべきだ。外見に注意を払うことは、その意味で自分に有利なことなのである。

必要なのは、万事好調だという印象を与えること。身なりがきちんとしていれば、男であれ女であれ、自信が出て勇気が湧く。みすぼらしい格好をしていると、めったに成功へのきっかけをつかむこともできないものなのだ。

前にも述べたが、適切な行動をするためには、人から好ましいと思われること、自分でもこれでよいのだと感じることが必要だ——つまり周囲の人たちと「うまくいっている」という自信が大切なのだ。結局、社会的にも職業的にも成功するかどうかは他の人たちの評価にかかっているのだし、成功するとしたらその仕事は他の人たちに影響を与えずにはおかない。だから、他人が自分に積極的に反応してくれることが絶対に必要だということを頭にたたき込んでおくべきだ。そして、自分がプロらしくみえ、それらしく行動しなければ、他人は決してプロとして扱ってくれはしないということも。

ここでまた、果物の話に戻ってみよう。二つのリンゴのうち一つを選ぶとしたら、どちらのリンゴを選ぶだろうか？　当然、おいしそうにみえるほうだろう。人間の場合も同様、二人のうち一人を選ぶとしたら、みな感じのよい人物を選ぶのだ。

人から受け入れられ、自分でもこれでいいという感じを持つことができるかどうかは、外見と内面の両方、つまり身なりと人格とにかかっている。人格については次の項で述べることにして、身なりについてもう少し考えてみよう。

## なぜ〝黒メガネ〟一辺倒ではダメなのか

では、どういう服装がよいのだろうか？　誰がその基準を決めるのか？　一日に一〇人の人間に会えば、くだけた格好から正装に近いものまで、その服装はまさに十人十色だろう。一風変わった服装の人もいるかもしれない。何を基準に服装を決めたらよいだろうか？

判断の鍵はいわゆるＴＰＯである。何を着たらよいかは、その場の雰囲気による――野球の試合を観戦しにいくのか、家族のピクニックか、仕事の会合なのか。服装は、その人物のスタイル全体を決めるものだ。スタイルによっては、無造作すぎるという印象を与えるし、やり過ぎると服装だけが浮きあがって息苦しい。ケバケバしくもなく、みすぼらしくもない、ほどほどのところが好感を与えるのである。

着るものにあまりお金をかける余裕がないからといって、気に病むことはないが、できる範囲で一番上質のものを選ぶべきだ。しかし、上質のものかどうか他人の服と比較する必要はない。体に合っていて、きちんとアイロンさえかかっていれば、その値段よりよほどよくみえるものだ。大切なのは、いくら払ったかではなくて、きちんとしているかどうかである。

自分に一番合うものを買うこと。そのためには、買い物にも労を惜しまず、探して歩くことである。何が似合うかわからない場合は、本で研究するのもよいだろう。

衣服は、着心地よく体になじむものがよい。スーツやドレスは、趣味がよく、アイロンのきいた清潔なもの。男性の改まった時のワイシャツは、古くからいわれているように白に限る。白はどんな場合にも間違いがない。どんなスーツにも合うし、きちんとした印象を与える。しかし、場所柄や仕事に合った服装をすることが優先することは前に述べた通りだ。

靴はよく磨いておくこと。爪は切って清潔に。皮膚に炎症等がある場合はすぐに治療すること。メガネをかける場合は、顔に合ったものを選び、これも清潔を心がける。室内ではサングラスをはずすこと。話す時に相手の目がみえないのは、気持ちのよいものではない。私は、濃いサングラスをかけた人のいうことは信用しないことにしている。

髪の毛は？　もちろん、自分の好みで髪型を決めればよいのだが、やはり人に好印象を与えようと思ったら、あまり極端なヘアスタイルを選ぶのは禁物だ。髪型に限らず、あまり突拍子もない格好をすると、人の目はその人自身より格好のほうに引きつけられてしまう。ほとんどの企業では、男子社員はきれいにヒゲをそって、髪は短めなのが好ましいとしている。会社に入りたければ、この意向に沿って髪型を決めるのも、たいして大きな犠牲とはいえないだろう。どんな髪型の場合でも、清潔にし、ちゃんとクシをあてておくこと。フケのある人は、シャンプーやブラッシング等で抑《おさ》える心がけが大事である。

## こんな癖や言葉づかいをしていると必ず損をする

人をイライラさせるような癖を持っていないか。たとえば、ガムをくちゃくちゃとかむ、ひっきりなしにタバコをふかす、顔をやたらにこする、大声でしゃべる等。

不注意な言葉づかいは避けよう。野球場で使うような言葉は、会議やディナーの席では不適当だ。正当かどうかは別として、人はその言葉づかいから判断されることが多い。正しくきれいな言葉を使うには、相当の努力が要求されるが、努力するだけの値打ちはある。間違いのない言葉を選び、自分の考えをはっきり正確に伝えることができるからだ。

こうした悪い習慣を改める場合、一つ問題になるのは、自分ではそのことに気がついていないということだ。そういう時に注意してくれる友人や家族ほど、ありがたいものはない。自覚しさえすれば、その癖をやめることもできるし、何らかの解決策はみつかる。

こういったことは、いったい何のためか？　会う人たちによい印象を与えるためだ。それは自分がくつろぎ、平静でいられることにつながる。人に、よい、しかもその場限りでない好印象を与えることができれば、その時はじめて自分は人から「受け入れられる」のだ。そして、これでよいのだと感じれば、その気持ちは自然によりよい態度となってあらわれてくる。堂々たる外見は自ら生み出すものだ。自信に満ちた表情、力のこもった握手——それらが人目をひき、そして人々がひきつけられてくる。

こうして、自分を成功へと導いていくのだ。人から好感を持たれる時、それは自分の気分のよい時でもあり、すべてよい方向へ行動している時でもある。

## 3 「内面」が充実している人の圧倒的魅力

人が喜んで自分のために働いてくれる、という場合がある。魅力的な人柄がその原因で、目にみえない自分の内面が人の心をひきつけるのだ。

人柄をみると、その人の内面がすぐにわかるものだ。純真なのか、見せかけだけなのか。本当なのか、ウソなのか。時には誤解されることがあっても、やがては本当の「自分」というものが、人の目にはっきりと映し出されてくるものだ。

いろいろ考え合わせると、人柄、つまりパーソナリティとは、人が他人と気持ちを通じ合うその方法のことであるといえるかもしれない。恋愛中の二人は、お互いの気持ちを伝えるのに何の苦労もない。言葉さえいらないのだ。これに似た伝達が、互いに影響し合う人たちの間ではいつも行なわれている。

従って、ある人のパーソナリティをみれば、その人が幸福かどうか、あるいは、元気がなく悩んでいるようだといったことがすぐにわかる。説明する必要はない。その人のパーソナリティが語りかけてくるのだ。

## 人間性の「山びこ効果」

好意は好意を呼ぶ。敵意は敵意を呼ぶ。人から好かれたいと思ったら、自分のほうからその人に好意を持つことだ。いいかえれば、自分が人にしたこと、分かち与えたものとそっくり同じものが自分に返ってくる。山に向かって叫ぶと、その声がそのままはね返ってくる山びこのようなものだ。

これは今にはじまったことではなく、大昔からいわれてきたことで、聖書には「まいた種は刈らねばならぬ」というこのうえなく適切な表現がある。

このことは、積極的な考え方や目標への注意の集中、想像力等について今まで述べてきたことにもいえる。ほしいものがあれば、それに対して積極的に考え、成し遂げたいと思う最終目標に全力を集中しなくてはならない。それに従って行動しなくてはならない。こうして全力投球をすることによって、偽りのない人格ができあがるものだ。本心から売りたいと思ってもいない製品を、どうして人に買わせることができるだろう？　消極的な考え方をしていると、誰でも買う気をなくしてしまう。

この「山びこ効果」は、パーソナリティをつくるうえで基本的な役目を果たしている。人に対して望む反応の仕方こそ、自分がしなければならないことなのだ。それこそが、成功して幸せになる唯一の道だ。

子供は自分がされた通りのことを人にもするという。愛されて育った子供は愛情深い人間になり、だまされたりバカにされたりして育った子供は、冷酷で悪意を持った人間になる。ある程度までは、大人についても同じことがいえると思う。自分が人に与えたのと同じものを、人から与えられるのだ。

次に、この「山びこ」がはね返ってくる道筋に目を向けてみよう。

## 「自信過剰」人間・やり手社長の大誤算

他人に何の感情も持たない人、持てるようになれない人は成功しない。こういう人は、避けたほうがよい。誰も助けを求めにきはしないだろうし、人に影響を与えることもない。要するに利己主義なのだ。

私の友人の一人が、ある販売会社の共同経営者になってくれないか、といわれたことがあった。彼はこの申し出に有頂天になった。というのも、社長はたいしたやり手で会社は日の出の勢いだったからだ。しかし私の友人は、返事をする前に少し調べてみた。すると華々しい成功をしたにもかかわらず、あちこちで得意先が減っているという情報が耳に入った。

なぜだろう？　社長の人柄が原因だったのだ。はじめの成功に気をよくして、何でもできると思い込み、得意先にも従業員にも同じようにいばりちらしていた。社長をよくいう者は誰もいなかった。それを知って、私の友人は話を断わったのだった。何カ月か後に、不満を持った部長が二人も会社を辞めていった。他人に対する思いやりがなかったために、社長は一人取り残され、力になってくれる者は誰もいなくなってしまった。成功に目がくらんだ彼は、何でも一人でできると思い込んでしまったのである。

成功するには、人の助けが必要だ。そしてその助けは、自分が相手の身になって考えたり、行動したりしてはじめて得られるものなのだ。相手への好意は、自分に対する好意となって報われるものなのである。

では、人にこうであってほしいと望む性質、従って自分で身につけなければならない性質とは、どういうものだろうか？

## 心のこもらない「サンキュー」を繰り返していると……

感謝と礼儀とを混同してはいけない。社会生活を円滑にしてくれるのが礼儀で、これがなかったらわれわれの生活はギスギスしたものになるだろう。礼儀は、他人への思いやりから生まれたものである。しかし、現代では空疎な飾りものとなり、本来の目的をあやふやにする形式となったものも少なくない。「サンキュー」というのは、もともと「あなたに感謝します」という意味だが、今ではただの言葉にすぎない。こういっておけば礼儀にかなっていると思うから、「サンキュー」というにすぎない。本当の感謝が言葉になることは少ないのである。

しかし、人は自分のしたことに対して心から感謝されたいと思っている。これは利己主義とは違う。感謝されるということは、自分の行為が当然のものであり、人から望まれていたものであり、人がそれを親切と善意の行為であることを認める証《あかし》となるものだ。儀礼的にそっけなく「サンキュー」といったのでは意味がない。親切と善意に対して、通りいっぺんの挨拶を返すのではなく、感謝を持って応えよう。そのあらわし方はいろいろあるはずだ。

感謝の気持ちが欠けていると、あっという間に友情にヒビが入ったり、誤解が生じたりするものだ。

## 一番自然で強力な「無言の説得力」

ある友人が、こんなことをいったことがある。正直な人かどうかは、一目でわかる。正直な人は、口元よりも目がほほえんでいる。

これは正しいと思う。正直さは目にあらわれる。われわれは人を判断する時、その人が他の人たちにどう反応するか、自分をどう表現するかをみる。そういう時、一番ものをいうのが目なのだ。

人の目をまともにみない人、横目を使う人、目が決して笑わない人は、不誠実で不安定で信用できないという印象を与える。

したいことがあってもそれをする能力がない場合もある。しかし、「正直」は消印のようなもので、その欠点をカバーし、近づきになりたい人たちと直接交流することを可能にしてくれる。

だから、正直は強みなのだ。人は隠しごとがあれば臆病になる。正直な人は何も隠す必要がないから、堂々と勇気を持って進んでいける。こういう人物は、みるからに高潔でたのもしい。人は、こういう人物とつきあいたいと思う。このように、正直な人は、他人を自分の方向へ引き寄せる力を持っているのである。

## 相手を「許してやる」ことで自分の気持ちも〝浄化〟される

真の寛容とは、過去を完全に忘れることだ。中途半端はよくない。許すという行為は、完全でなければ意味がないからだ。

たとえば、外で車のタイヤをかえて、泥まみれになって家に入ってくる。シャワーを浴びて、その汚れを完全に洗い流してしまう。いってみれば、身を清めるのだ——体はすっかりきれいになり、人もまたきれいだと認める。

「許す」というのはちょうどこんなものである。悩みやいらだち、それは誰かのせいで起こったことかもしれないが、心から許しさえすれば、完全に洗い流され永久に消えてしまう。

人に恨みや悪意を抱く人、他人のせいで起こった不愉快なことを忘れられない人は、自分自身の精神に破綻《はたん》をきたすばかりでなく、肉体的にも障害を起こしやすい。このことは、研究者によって実証されている。寛容であることは大切なことだ。精神的にも肉体的にも、健康でいられるのだから。

また、人を許すことによって、その人との間に友情が戻ってくる。正直が目にあらわれると同様に、どれだけ人の身になって考えられるかもその人の目をみればわかる。本質的にはこの感情も、正直の一つのあらわれだからだ。寛容は正直と同じく、心をいやすものだ。勇気ある行為だ。人格に輝きを与え、人も自分に寛容であるよう動機づけるものだ。

時には、自分に対して寛容になる必要もある。人にひどい仕打ちをしてしまって、後悔するようなことはないだろうか？　そんな時は、何もかも永久に忘れてしまうことだ。過去のあやまちをいつまでも気に病むことは、他人に恨みを持ちつづけるのと同じ結果を引き起こすのだ。精神的にも肉体的にも不健康になる。自分を許し、神も許してくださると信じよう。そして、何事もなかったように前進しよう。

## 人を信頼する心が自分の「守備範囲」を広げる

また、温かい人柄は多くの人をひきつけ、その人の世界を広げてくれる。温かみのなさは、言葉や行動にも、表情や動作の端々にもすぐあらわれるものだ。しかも汚れと違ってぞうきんで拭き取るわけにもいかず、覆《おお》い隠しようもない。温かい人柄はあやまちを許し、人からの批判も善意で受け入れることができる。

温かさはまた、人を信頼することでもある。ランニングバックのある有名選手がバッファロー・ビルズでラッシング（アメリカン・フットボールの一ゲームで、一人の選手がボールを持って走った距離）の記録を立てようとしていた時、彼はいつもディフェンス・ラインの選手たちが自分のためにブロックしてくれると信じていたし、みなの力がなければ自分は記録などつくれない、とはっきりいっていた。

誰であれ、信頼すれば、限りなく道は開けるものなのだ。

## 人生を思う存分に楽しむための「心のバッテリー」

ウィットとユーモアがなかったら、人生はどんなに退屈なことか。人が自分について冗談をいうのや、事件をユーモラスに捉えるのを聞くと、どれだけ心がなごむことか。

人生を何の楽しみもないほど大変なもの、と受け取ってはいないだろうか？　もしそうだったら、どこか間違っている。目標を変えたほうがよいかもしれない。目標は、人生に張り詰めた喜びと希望を与えるものでなくてはならない。

ただ楽しいからというだけで、一緒にいたいと思う人たちがいる。彼らは人をひきつける。彼らは私のバッテリーにエネルギーを充電してくれるのだ。逆に、人生に何の喜びも持たない人たち、いつも仕事だけに追いまくられている人たちには、私は魅力を感じない。

楽しむことと、自分がおもしろおかしく振舞うこととは同じではない。楽しく振舞おうとしても、どこかうまくいかない人がいるものだ。こういう人は、無意識に人を侮辱することがあるので注意が必要だ。無理におどけて人の感情を害したりするよりは、控え目のほうが無難だといえる。

ウィットに富み、それを使いこなす能力があるかどうかは別として、人生を何の楽しみもないほど深刻に思い詰めたりせずに気楽にかまえていれば、そういう人柄が他人を自分のほうへ引き寄せることになる。人生は苦行ではない。人生とは生きるもの、そして期待と興奮に満ちたものだ。そういう人生観を持たなくてはならない。

## 「最後のベル」は自分の手で鳴らさねばならない

最終的には、人をひきつけるパーソナリティとは愛の一種だといえよう。人間への愛が、温厚な性格や、感謝、正直、寛容、善意、ユーモアのセンス等となってあらわれるのだ。愛は力でもあり行動でもある。愛は人の心に愛を生み出すがゆえに、あらゆる扉を開く。

愛についての私のアドバイスは実に簡単だ。誰かを愛していたら、その人にそう話すこと。知っているだろうと思ったり、聞かせる必要もないと思ったりして、いわずにいることがよくある。ある会議で話をした後で、一人の重役から、私の愛の話に心を打たれたといわれたことがある。彼の妻はよく、一緒に食事をしたいといっていたそうだ。彼の答えはいつも同じだった。「そうしたいが、忙しいんだ」

重要な会議の予定のある朝、妻はまた同じ提案をした。「お昼を一緒にどうかしら?」。彼はすまないがと断わった。ところが会議の最中に、妻が自動車事故で死んだと聞かされたのだ。彼は目をうるませてこういった。「あと一時間、妻を生きさせてくれるのなら、私はどんな代償でも払います。あと一時間——一緒に食事をして、愛しているといってやりたかった」

こんな話もある。美人歌手で女優のメアリー・マーチンが、オスカー・ハマースタインのミュージカルで舞台に立っていた時のことだ。ガンですでに死を宣告されていたハマースタインから、マーチンに次のような手紙が届けられた。

君が鳴らさなければ、ベルはベルではない。

君が歌わなければ、歌は歌ではない。
愛は君の胸にしまっておくものではない。
君が与えなければ、愛も愛ではない。

## 4 大切な人と〝じっくりいく関係〟をつくる秘訣

人生は人間関係の集積であるともいえる。よい人間関係を築くには自分自身が心身ともに強健で適応性がなければならない。

自分自身をどう考え、どう感じているか。心から自分を評価し、尊敬しているだろうか？自分を愛することとは、エゴイズムとは違う。神の子であり、この世にたった一人しかいないかけがえのない人間だと自覚することだ。地球がはじまって以来、自分と同じ人間は存在したためしがないし、将来も決してあり得ない。そう思えば、自分がどれだけ特別な人間かがわかるだろう。「神は決して、いらないものをおつくりにならない」ということも、心にとめておいてほしい。自分の能力や才能や可能性は、眠らせておくべきものではない。引き出して人に分け与え、役に立てるべきものだ。

## 自分の「存在感」をアピールするコミュニケーション術

二人で話し合っている時、言外にも聞き取れるものがある。それは話し方や声の調子、話し相手の様子、服装、声やアクセントである。こういったものすべてがその人物をあらわしている。口に出さずとも、自分の考えは何らかの形で相手に伝わるはずだ。声を強め手ぶりまで加えていったことや、相手の質問を一笑に付して態度の表明をしたことよりも、むしろそちらのほうが多くを語っている場合が多いくらいだ。

このように、われわれの存在そのものが自分自身を語っているのだから、自分自身を愛していなければ、人に敬意を伝えることも、積極的なコミュニケーションをはかることもできない。話したこともない人を、その人の行動から判断する場合がどんなに多いことか。どういう態度を取り、どう反応するかが、その人の言葉より、その人をよくあらわしている場合がどんなに多いことか。

相手の話を聞くことも、コミュニケーションの一つだ。われわれは、人のいうことを本当に聞いていているだろうか？　言葉だけから判断を下してはいないだろうか？　聞く場合には、敬意を払って耳を傾けているだろうか、冷たくあしらってはいないだろうか？　他の人たちも、自分と同じかけがえのない人間であることを忘れてはいけない。

従って、コミュニケーションとは、自分自身を人の心の目にさらすことである。聞くことは、自分の心の目にさらされた人からのコミュニケーションといえる。言葉は美しくても、違った意味を持つこともあるのだ。こんな例がある。ある男の子が教室で、「ビューティフル」という字の綴《つづ》りをいって、その言葉を使った文章をつくってごらんなさいといわれた。男の子は正確に綴りを答えてから、こういったのだ。「兄さんがゆうべ外から帰ってきて、お父さんに、『車をぶつけちゃった』といいました。お父さんは『ビューティフル（〃いいじゃない〃〃ネバーマインド〃の意）』といいました」

われわれは、毎日コミュニケーションしている。そして、積極的に自己評価することが、さまざまな人間関係を質の高いものにし、われわれを成功に導いてくれるのだ。その例をいくつか考えてみよう。

## ●「あらいざらいぶちまける」ことも、時には「片目をつむる」ことも必要

結婚は人生で最も重大な約束ごとだ。全世界に一人の人間への愛を表明する。国家に結婚の承認を求め、神に祝福を求める。結婚は、二人がその重大な公約に沿って片時も休みなく生きることを要求する。結婚が成功するためには、愛と協力を惜しんではならない。相手の行為と引きかえに何かする、といった打算があってはならない。

新婚の頃は、毎日がすばらしく、頭のてっぺんから足の先まで愛にあふれているに違いない。しかし、早晩、金銭上のことや子供のこと等で夫婦が衝突することがある。そういう時に、本当はそうではないのにすべてはうまくいっているかのように振舞うことは、自分の感情をあざむくことであり、結婚に必要な強い連帯感を乱すことにもなる。夫婦間の摩擦や不満は隠さず、素直にかつ愛を持って相手と話し合い、問題を解決すべきだ。

結婚を実りあるものにするには、時間がかかる。家庭外の活動や仕事を結婚より優先させれば、結婚生活に支障が起きる。結婚生活は育て養っていかなければならないもので、そのためには時に片目をつむることが必要だ。日々の問題や衝突はうまく処理できるし、日を追って深まる絆《きずな》を強力にすることができる。

●「行為」は否定しても「人格」は否定するな

結婚して子供が生まれると、親は子に、自尊心を持つことを積極的に伝えてやらなければならない。

子供が望むままに、いやどうかするとそれ以上に物質的に子供を甘やかしながら、子供の気持ちを理解せず、尊重しない親をよくみかける。子供というものは自尊心を持っているものだが、それを両親がいかに育てるかが、その子供の成長と将来に直接かかわってくるのだ。親であることには、長い期間の責任と、献身と愛に満ちた忍耐力が必要である。

子供たちには、両親がどれほど彼らを愛しているかを、その愛は無条件のもので、何があろうと子供を愛するのだということを教えることが大切だ。これは、子供が何をしてもよいということではない。自分のすることは何でも正しいと子供に思い込ませるのはよくない。子供の人格を否定せずに、子供の行為を否定すればいいのだ。

子供が何か成し遂げた時には、それを誇りに思うこと。誇りに思っていることを子供に伝えること。強い自尊心を持っている子供は、大きくなって失望や挫折に出会っても、耐えていけるものだ。ほとんどほめられたことのない子供は、逆境に負けてしまう。

## ●仕事で評価してやることほど「やる気」を起こさせるものはない

他の人間関係と同様に、仕事場でも自己評価することが成功につながる。経営者であれ社員であれ、自分と同じ職場の人たちとは共通の目的で結ばれている。両方ともその会社の成功を願っているわけである。仕事に、自信と情熱と協調性のある態度で当たる時に、最高の力が発揮できるものだ。仕事に対する健康的な態度を考えてみよう。

望ましい職場の人間関係は、互いの尊敬に基づくものだ。社員としては、経営者が給料を支払う代償として、義務とそれに伴ってある程度の責任が与えられていると認識すること。満足感を味わうことのできる、自分に適した仕事をみつけること。

経営者としては、部下の能力を尊重し、責任を与え、彼らに期待していることをはっきりさせること。心を開き、柔軟に、信頼と善意にあふれた雰囲気をつくり出すよう努力すること。社員が気軽に話しかけることができ、自分たちの仕事が評価され尊重されていると感じられるようにすること。彼らの目標と希望に、心から興味を示すこと。

職場の人間関係は、はじめから友情である必要はない。共に働いた結果、長続きする固い友情が生まれることが多いのである。

●いざという時にこそ頼りになる「一生の友」のありがたみ

結婚、家庭生活、職場が大切なのはもとより、それ以外に友人を得る場も必要だ。個人的な成功や自尊心は、その人の友人の数で決まるとさえいわれる。友情とは、自分に対する愛を人と分け合うことだ。友情がなければ、われわれは孤独に陥《おちい》るだろう。

友人であるためには、興味や情熱や悩みを人と分け合うこと。ジョギングであれ、園芸であれ、読書であれ、つまり趣味であれ、レクリエーションであれ、共通の興味を持つこと。人に対して、正直でおおらかであること。友情を貴重なものと考え、友人に感謝の気持ちをあらわすこと。友人同士は、どんなわけがあろうと、どんな場合であろうと、互いに頼り合えるということを認識すること。

友人とは、安全な島のようなもので、そこにいる限り安心していられるし、言葉や行動がなくても通じ合える。イギリスの女流小説家ジョージ・エリオットの次の言葉ほど、友情をよくいいあらわしているものはあるまい。「友情とは、一人の人間と共にいて感じるこのうえない安らぎの気持ちである。考えを探ることも、言葉をおしはかることもいらない」

## 「自尊心」にあふれる人が人生のチャンスをものにする！

一人で生きることは不可能だ。働く時も遊ぶ時も、多忙な時も暇な時も、家庭でも旅先でも、目ざめている時も眠っている時も、健康な時も病気の時も、絶えず人とかかわらねばならない。何千キロも離れた場所の事件が、突然われわれの人生を変えてしまうこともあれば、身近に起こったことが遠い他国の人々に影響を与えることもある。個人的にも、社会的にも、われわれはみな、世界の一員なのだ。

繰り返していうが、自尊心はエゴではない。自尊心は、われわれ一人ひとりが社会への、ひいては全世界への義務があることを教えてくれる。納税、投票、祖国の防衛なども、それだけの能力を持つ者が当然果たすべき義務だ。飢えた人々、家のない人々、抑圧された人々に関心を寄せ、心を痛め、援助の手をさしのべることも同様である。だから、解答の必要な問題があったら、社会全体がよくなるように努力しよう。

家族の間であれ、職場であれ、もっと広い世界であれ、われわれを待っているチャンスは無限であり、すばらしいものだ。自分自身をどう考え、自尊心をどう拡大していくかが、こうしたチャンスをつかむ鍵になる。チャンスを逃してはならない。チャンスは、自分の価値を人に伝え、人の価値を認めてこそつかむことができるのだ。

# 3章

# 「何がポイントか」を見抜け、それだけで生き方が変わる！

心配という光を当てると、小さなものが大きな影を落とす。

失敗とは、やれるはずのことをやらなかったということ。努力をつづけよう――完全にあきらめてしまわない限り、敗北者ではない。

## 1

# なぜ「考えなくてよいこと」にこだわるのか

生きている以上、心配や疑いや恐れを経験しない人はまずいない。自然の感情だからだ。心配するだけの理由があることについて心をくだくのは当然のことだ。しかし、確かな理由もなしにこうした感情に捉われたり行動を左右されるようになると、もう自然とはいえない。

先のことに始終不安を抱いている慢性的な心配性の人は多いものだ。心配や疑いが一つ晴れると、すぐ次の心配が出てくる。こういう人たちは、何も心配することがなくなると、かえって不幸になるのではないかと思われるほどだ。

心配性の人は、ひどく寒い時に外出するとカゼでもひくのではないか、暑い時には日射病にやられるのではないかと心配する。ドアにも窓にも鍵をかけないと誰かに押し入られるのではないかと恐れ、鍵をかけてしまえば火事の時逃げられないのではないかと恐れる。車のスピードを出すと、カーブが曲がりきれないのではないかと恐れ、ゆっくり走ると後ろから追突されるのではないかと恐れる。

いつも不幸で、不安な気持ちにさいなまれ、よい結果が出るのを信じない。憐れむべき人だ。

こういう人物は、一つの仕事を続けるのが困難であり、人と親しくなるのがむずかしいばかりか、人を耐えがたくさせるのである。

こういう人たちは、よく「過去」のことを思いわずらう。

いわれたことをちゃんとしただろうか、やり忘れたことで叱られたり罰せられたりしないだろうか、陰で人が何かいってはいないだろうか、怒らせてしまった人に会わないですむだろうか、など。

「現在」についての悩みもある。

仕事を間違いなくやっているか、人が故意に自分を避けているのではないか、のどの調子が悪いのはガンではないか。

そして「未来」についても心配のタネは尽きない。

まいた種子がちゃんと育つだろうか、発送した小包は、遅れずに相手のもとに届くだろうか、買い物に出なくてはならない来週の木曜日に、雨は降らないだろうか？　来月飛行機に乗る予定だが、事故は起こらないだろうか。

こういう人たちは気の毒という他はない。あまりにも臆病で、自分の能力も、神の加護も信じてはいない人たちだからだ。こんな生き方をしていたら、人生はどんなにつまらないものになってしまうことだろう。

## 心配の種から何の芽が出るというのか

心配が何かを成し遂げるだろうか?

恵まれた暮らしをしてきた農夫の話をしよう。彼が安楽に暮らせたのは、一つには、一生懸命働き、信仰を持ち、その日その日をあるがままに受け入れ、決して心配しなかったからだった。しかし、自分のまわりの人たちがみな、天候のこと、世界情勢、自分の健康、といったように何かにつけ心配するのに彼は気がついた。

そこでこの農夫は考えたのだ。心配しないでいると、気づかない間に損をしているかもしれないから、まる一日を心配にあてよう、と。彼は早めに床につき、心配する日のために休息を取った。翌朝、今日一日心配して暮らすには栄養が必要だと考えて、たっぷり朝食を取った。それから、気に入りの椅子に腰かけて心配をはじめたのだ……。

まず、凶作だったらどうしよう、と考えた。破滅だ。次に、大豊作だったら、と考えた。値くずれが起きて破滅だ。次は健康。病気で働けなくなったら? 破滅だ。次は天候。雨が降らず、旱魃《かんばつ》になったら? 作物は実らず破滅だ。雨が降り過ぎたら? 洪水に流されてやっぱり破滅……。心配をすればするほど、次々と心配のタネが増えてしまう。

次の日、彼は隣人にこの話をしていった。「まるまる一二時間心配しつづけてみたけど、何一つよいことはなかったね」

彼は重大な真理を発見したのである。心配からは何も生まれない。一つの問題すら解決されなかったし、この先解決されることもないだろう。動機づけられた行動だけが、解決への道を見出すのだ。

## 気持ちのコントロールしだいで不安は完全に克服できる！

慢性的な心配性であれ、時たまこうした感情に捉われるのであれ、その原因は同じである。知らないことへの恐れと、恐れに対する反応の仕方を知らないことからくるのだ。人は、驚かされることを、突然のできごとを恐れている。何が起こるだろう？　それに対してどう行動すればよいだろう？　うまく対処できるだろうか？　できなかったらどうなるか？　こうした心配は、恐れと自信のなさをあらわしているのだ。

これらの感情は克服できる——しかも完全に。それに必要なのは、「動機づけ」と「行動すること」だ。

まず、心配を分析する。すると根拠のない心配と、ある程度実体に基づいた心配との二つのグループに分けることができる。

根拠のない心配については、そんなことを心配してもどうにもならないのだということを、徹底的に認識することだ。来週の木曜日の天候など、いくら心配してもどうにもなるわけがない。そういった類のことを考えて時間を費やすのは本当にバカげている。種子が芽を出すかどうか、小包がちゃんと予定日に着くかどうか、これも考えても仕方のないことだ。もちろん、木曜日に雨だった時の対策は立てておくべきだ。レインコートかカサの用意がいるだろう。種子をまく時に芽が出るように土を耕し水もやったのなら、するべきことを果たしたのだ。小包も、充分間に合うはずの日に、宛名も正確に書いて出したのであれば、責任は果たしたわけだ。その先に起こることはもうコントロールしようがないのであり、心配は時間の無駄だ。

自分の行為を、肯定的に考えよう。もしするべきことをしていなかったのなら、これを機会に反省しよう。

健康のことを心配する人は多い。心臓病やガンにかからないだろうか？　これも無駄な心配だ。ふだんから充分体に注意し、定期的に健康診断を受けているなら、それ以上するべきことはない。肯定的な考え方をしていれば、人生は楽しくなるし、よい人間関係もできる。否定的な考え方をすれば、病気に対する抵抗力も弱まり、人生は不快なものになり、まわりの人たちをも不快にする。どちらを選ぶか。行動の仕方によって、心配に打ちひしがれるか、さらに大きな問題に挑戦していくかが決まるのである。

●「かいのない不安」には取り合わない！

確かに、実体のある心配もある。これは想像上の心配ではなく、現実に起こり得る心配ごとのことだ。これも二つに分類することができる。一つはすでに起こってしまったことに関する心配ごと、もう一つはこれから起こり得ることに関するものである。

過去に関する心配に対しては、前にも述べたがあまり打つ手がない。現に起こってしまったことであり、時間をかけてその心配を心から消し、あやまちを許すようにするしかない。

科学の教師として有名なポール・ブランドワイン博士は、ニューヨークのジョージ・ワシントン・ハイスクールで教壇に立っていた時、単純ながらドラマチックな実演をしてみせたものだ。

生徒たちが教室に入ってくると、彼は牛乳ビンを実験用の机の上にのせる。牛乳で何の実験がはじまるのかと見守る生徒の前で、彼はビンを流しにたたきつけてこう叫んだのだ。「こぼれた牛乳は、泣いてももとに戻らない」（訳注「覆水盆に返らず」と同様のことわざ）

彼は、生徒たちを流しに集めてこういった。「よくみておきなさい。君たちにこの教訓を一生忘れないでもらいたいんだ。牛乳はなくなった——流れてしまったのをみただろう。世界じゅうの人が騒いでも、髪をかきむしっても、一滴も返ってはこない。できることといえば、なかったものとして忘れ、次のことへと前進するしかないのだ」

間違ったことをしてしまって、それを悔やむことも多い。たとえば、腹を立てて友人を侮辱した時などである。こういう場合は、謝罪して許しを乞うしかない。許しはすべてをいやす力を持っており、愛と安心感で友情を強めてくれるものだ。

## ●やるべきこともやらずに「自己否定」するな

われわれが何らかのコントロールをし得る心配や不安——たとえば、セールスマンが客に誤った値段を教えてしまい、会社の割引率よりずっと安く売らなければならなくなった場合。これがうっかりした間違いなら、このセールスマンは上役に謝って、以後これを教訓として、もう少し注意深くなるべきだ。あやまちをたびたび繰り返せば職を失うかもしれないが、教訓を生かせば、かえってよい仕事ができるだろう。

過去の間違いにこだわるのは否定的な考え方であって、間違いから何かを学んで同じことを繰り返さないようにするのが肯定的な、つまり積極的な考え方だ。

心配や疑いや恐れは、われわれが自分の行動を分析しないことから起こる場合が多い。

ある母親は、娘が学校の出席日数が足りなくて進級できないのではないか、と悩んでいた。始終スクールバスに乗り遅れていたのだ。校長が両親に、もう少しきちんと学校へこないと進級できなくなる、と警告した。母親はひどく悩んだが、どうしたらよいかわからなかった。娘をいつもより三〇分早く起こして、必ずバスに間に合わせるよう、自分で責任を取ればよかったのに。

心配の原因となっていることを解決できないために、新たに心配を引き起こしている場合がどんなに多いことだろう。しなければならないことを成し遂げずにいて、自分の能力に疑いを持つ場合がどんなに多いことだろう。また、人に自分の気持ちを伝えず、人と仲よくする努力もせずに、その人たちの善意を疑うという場合がどんなに多いだろう。

重ねていうが、恐れや疑いを持つのは、自分のほうに積極的な行動が不足しているからなのだ。結局、自分自身をつくりあげるのは自分自身なのだ。

庭のツタウルシが心配だったら、それを取り除くために何をしなければならないのか？

スピーチをしなければならないのが気になったら、準備にどうすればいいのか？

太り過ぎが心配だったら、食事療法は完全か、充分な運動をしているか？

こうした場合すべてに必要なのは、自己動機づけによる行動だ。自分のするべきことをすれば、それでよいのだ。

心配や疑いや恐れは、解決するために全力を尽くさない人たちが持つ感情だ。彼らは、他の人たちが自分の問題を自分の気に入るように解決してくれないのではないか（事実そうなのだが）と恐れて暮らしているのだ。

## 心配ごとの九〇パーセントは現実には起こり得ない！

恐れは、多くの人々から何かを成し遂げる力を奪い、人が望むものを手に入れる邪魔をする。恐れは、人がチャンスをつかむのを妨《さまた》げ、肉体的に弱らせ、寿命を縮め、実際に人を病気にしたりもする。話をしようとしている時に、舌を凍りつかせたりもする。行動することを恐れたために、チャンスを逃した人たちを、現に私は大勢みてきた。

しかし、恐れというものを正面からみつめることも必要だ。なぜなら、ものごとを恐れることは、健康で自然な感情なのだから。

死を恐れるがゆえに、われわれは車の運転に慎重になる。家族や仕事や未来を心にかけるのは当然のことだ。

こうした心配や恐れは、健康的なものであり、かえって前向きな行動を促すものといえる。しかし、こういう心配も自分でコントロールできないほど大きくなれば、問題だといわなければならない。

恐れを克服し、どこにいても、いつでもくつろいでいられる人がいる。どうしたらそうなれるのだろう？

信念と行動――これが恐れを消してくれるのだ。自分を信じ、問題を解決できると信じることである。

しかし、なかには専門的なカウンセラーか医師の力を借りるべき人もいることを忘れてはならない。もし自分がそうであったら、迷わずすぐに専門家に相談しよう。たとえ問題はあっても、人生はすばらしいものであり得るし、専門家は、誰もがそういう人生を送れるようにと、助力を与えてくれる。

生きるということは行動することであり、愛することである。自分の人生に参加することができなければ、不幸に閉じ込められ、人々から避けられるようになる。しかし、専門家の助力によって解放されれば、うまく生きられるようになれるはずである。

心配に関するこんな調査をみたことがある。

われわれが心配する事柄のうち、四〇パーセントは起こり得ない事柄、三〇パーセントは過去に起こったことで手の打ちようがないもの、一二パーセントは他人についての心配で自分とは関係ないもの、一〇パーセントが現実のあるいは想像上の病気に関するもの、残りの八パーセントが心配するに値するもの、というのだ。

この八パーセントですら、私には疑問に思える。というのは、自分を幸福や目的の達成から退けようとする心配や疑いや恐れは、信念と行動によってほとんどなくすことができる、ということを私は知っているからだ。

## 2 貴重なエネルギーを〝間違った方向〟に注いでいないか

最近知ったことだが、五十歳以上の男性では、死亡原因の二五パーセント以上が過度のストレスによるという。驚くべきことである。女性のほうのパーセンテージは知らないが、この数字とたいした差はないに違いない。

外傷でもなく病気でもないのに、緊張のためにこんなに多くの人が死ぬのだ。彼らはリラックスする術《すべ》を知らず、自分のエネルギーを間違った方向に注いで自らを滅ぼしたのである。

### 絶え間ないストレスから効果的に身を守る法

ストレスは伝染する。たとえば、ニューヨークのような大都市の郊外をドライブしている場合、都市に入るかなり前からすでに緊張のきざしがみえはじめる。都市部へつながる橋を渡る前から、ドライバーは人より早く高速道路に入ろうと競争をする。多くの場合、そのあたりの運転如何《いかん》によってラッシュを逃れることができるのだ。人はみな敵だと思わなければ損をする。

人のことなどかまってはいられない。こういう時、ドライバーの顔には微笑はおろか、微塵の温かさもない。冷酷とさえいえる表情を浮かべている。料金所をスムーズに通れなかったり、前の車がもたもたしていたりすると怒りが湧いてくる。イライラして警笛を鳴らすと、イライラした気持ちは他の車へと広がり、ドライバーたちに緊張を強いる。都市部に近づけば近づくほど、ラッシュ熱に取りつかれる。つい二、三分前には他人の運転をひどいと思っていたのに、自分が同じことをするようになる。

イーストサイドからウエストサイドへくると怒りが高じ、他の車が右折してくるのを何とか入れまいとする。この頃になると怒りがそのまま言葉になって飛び出し、乱暴なことを口ばしったからと人に謝ったりできる心境ではなくなっている。タクシーが一台割り込んでくれば、すべてのタクシーに腹を立て、駐車場の係員の整理の仕方が悪いといってはののしったりする。

地下鉄の電車がくる音が聞こえると、他の人たちと同じように駆け出し、人を押しのけてぎゅうぎゅう詰めの車両に割り込む。ひどい混みようで新聞も読めないのだが、そこをあえて読む。と、それを肩越しにのぞく人が五人ほど出てくる。自分のオフィスまでのエレベーターが、これまたふとどきにも満員。人に「おはよう」などといえたものではない。

家を出た時は、こうではなかった。郊外の農場だったりすれば、それは美しい朝だったろう。しかしここは美しくない。都会がつくづくいやになってしまう人もいるだろう。しかし、ここに仕事があり、することや会わなければならない人がいる。自分に会うことを楽しみにしている人たちがいるではないか？　それとも、彼らも群衆の一人にすぎないのだろうか？

いらだち、欲求不満、神経質等も緊張と同種のものだ。

ところで、緊張の原因は何だろうか？　肉体的なものか、あるいは精神的・感情的なものだろうか？

主な原因は、生活と仕事のバランスがくずれるところにある。目標と仕事に優先権を与え、自分自身のことを忘れていたような場合である。自分を大切にすることを忘れていたのだ。関心の的《まと》は、あくせくと働くこと、人との競争、新しい記録をつくること、人より一歩でも抜きん出ること、人生は成功しかないという基準にしぼられてくる。

これらの基準に合わせようと急ぐあまり、問題を複雑にしてしまっているのだ。毎日の仕事が予想量を上まわるために、手紙に返事を書く時間もなくなっている。もっと時間を取られるような仕事も断わりきれない。そしてやがて、するべきことを実行する時間もなくなってしまうのだ。

何もかもがたまっていく。時間と逆方向に走っているような、あるいは壁をのぼっているような気がする。休息や娯楽のための時間などありはしない。やがて職場の仲間からも敬遠されるようになる。こうした圧迫感がつのって、怒りっぽく攻撃的になっているからだ。家族からも不満が出てくる。一刻を惜しんで食物をかまずに飲み込み、そんなふうにして胃潰瘍にかかって死んだ同僚がいたことも忘れている。悪循環だ。

こうなるともう、ものごとの順序も正しい判断もできず、健康診断の時間もない。ただただ夢中で駆けまわっていらだつばかりだ。

こんな状態は誇張だと思われるかもしれないが、現にこの通りの人たちが多いのだ。毎日起こっていることが、緊張の、イライラの、欲求不満の原因となっているのだ。人によっては、こういう状態から体をこわすことがある。そして怒りも緊張の一種だとすれば、こうした状態が、個人的にも対人関係にもはなはだよろしくないのは当然であろう。

また、あらゆる感情のうちで、最も有害で危険なのは怒りだ。怒りは、友情も家族も人格も破壊してしまう。仕事も健康も損なわれてしまう。しかしさらに悪いことは、怒りによって自制心を失ってしまうことだ。理性も論理もなくなり、何のための怒りかさえわからなくなることもある。怒りにまかせて「決めた」ことは、決して解決したのではなく、常に不快感と後ろめたさが残るものだ。

アイゼンハワー元アメリカ大統領が最初の心臓発作に襲われた時、主治医はこういったそうだ。「決して怒ってはいけません。命取りになりますよ！」

「怒りに身をまかせる前に十数えよ」というのは、昔からいわれてきた名言だ。怒りは破滅のもとであり、否定的な考え方から生まれるものだ。

私は、怒りが自然の感情であることを認めないわけではない。確かに自然の感情ではある。飢えもそうだが、空腹のままじっとしていては飢えは満たされない。空腹を消し去らなければ飢えを克服することはできないのだ。同じように、怒りの感情が起こってきたら、それを抑えるために積極的に何かをするべきだ。

怒りに駆られ、人は相手を打ち負かしたり、互角になろうとしたりする。しかし、誰しもが互角ではあり得ない。怒りは怒りを生むものだが、相手が怒りを爆発させている時に自分の気持ちを抑えれば、抑えたほうが勝ち、怒ったほうはバカをみることになるのだ。

## 心にゆとりを取り戻す、自信がよみがえる

心の緊張をほぐすのは、決して不可能ではない。コツさえつかめばむしろ簡単だといえる。そのために役立つ方法をいくつかあげてみよう。

まず、なぜ緊張するのかを知ること。それがわかれば、半ば解決したようなものだ。

じっくりと自分の行動を分析してみよう。「じっくり落着いて」というのが肝腎なところだ。なぜなら、イライラする原因の一部は、急ぎ過ぎにあるからだ。あせらずに、自分のしている

ことを徹底的に分析する。それを全部リストにし、具体的な計画を立ててみる。現在やっていることの一部がよい結果を生まないようなら、計画からはずしてしまうべきだろう。いくつかはまとめて実行することができるかもしれない。また、いくつかは新しい別な行動に変えたほうがよいかもしれない。

何をするにしてもここで重要なのは、落着くことだ。イザヤ書にもあるように、力は「平安と自信」の内にあるのだ。では、どうしたら心の平安と自信が持てるのだろうか？　まず、それを望むこと、自分をそのように動機づけることが必要だ。

気持ちを落着かせて自信と活力を得る方法はいろいろある。いくつか考えてみよう。

誰でも思いつくのは音楽だ。ピアノの前にすわって、静かな曲を弾いているうちに、緊張感が消えていくのがわかるだろう。ただ鍵盤をたたいているだけでも気分がすっきりするものだし、楽器を弾かない人は音楽を聴いてもよい。

自然の力も大いに利用されてきた。日の出や日没の光景、さまざまな形を描く静かな雲の流れ、小鳥の歌、花の姿や芳《かんば》しい香り、微妙に異なる樹々や草の緑——こうした自然のすべてが、疲れいらだった人々の心をどれほどなごませてくれることだろう。

「そしてそこにはいつも庭」と詩にもあるように、花や野菜の庭が、どれほど人の気持ちを和らげ、ゆったりさせてくれることだろう。庭はまたたく間に一日の心配を忘れさせてくれる。

幼い子供たちに深い愛情を感じている人たちにとっては、子供たちのすることをみているだけでくつろいだ気分になれるだろう。

緊張をほぐすものとして、ジョギング、水泳、サイクリング等のスポーツ、気持ちにゆとりを持たせるものとして、さまざまな趣味、ペット、旅行などもあげられよう。

## 「静」の後の「動」が非常に効果的な理由

ストレスの解消に驚くべき効果をあげるものに、瞑想がある。毎日、簡単な瞑想を実行している人は多い——一日数回、ほんの二、三分オフィスで黙想するという会社員もかなりいるようだ。これは昔から東洋で行なわれてきた方法で、西洋でもその効力が認められはじめた。

このような、一人だけの静かな時間はまた、自分の行動を観察する機会を与えてもくれる。仕事や他の活動を、順序だててやっているか？ 効率はどうか？ 規律正しく仕事を片づけているか、あるいは、当然片づくはずの仕事や問題を増やしてはいないか？ 瞑想や反省の静かな時間を持つことによって、自分を客観的に観察し、無意識につくり出しているかもしれない混乱した部分を整理することができる——つまり、よりよい解決策を生むことができるのだ。

従って、黙想や心身を休めることは、一カ月に一度すればよいというものではなく、毎日必ず実行したほうがよいのである。

悩んだり緊張したりするのは、他にすることがないからだ、とよくいわれる。確かに一理あるだろう。行動に移してしまえば、最終的には緊張は克服されるからだ。この場合、行動といっても積極的な行動、計画的で意味のある行動、効果的で目的のある行動でなければならない。こういう行動は、祈りや瞑想等によって平静な精神状態になったうえで計画した場合に、はじめて可能になるのである。「静止と行動」は一見矛盾するように思われるが、落着いた考えもなく行動すれば、必ず困った状況が生じるものだ。

前に、自分を愛することがどれほど大切かを述べた。それには、毎日の生活から緊張や不満を取り除くことが最も重要だ。そしてこれは、人を愛することへの第一歩でもあるのだ。

## 3 再び立ち上がれる人には「これ」がある！

問題はノックダウンを受けるかどうかではない。
そこからもう一度立ちあがれるかどうかだ。

——ヴィンス・ロンバルディ

これまでに失敗したことがあるだろうか？

もちろんあるに違いない。失敗の経験のない者はいない。しかし、ロンバルディのいうように、失敗というのは、自分でもうダメだと思った時に、はじめて失敗したことになるのである。

失敗に関しては、二通りの考え方がある。成功したことは早く忘れ、失敗は忘れないように、というのが一つ。もう一つは、失敗は忘れ、成功のみ心にとどめておくこと、というものである。われわれは、よく自分の過去の失敗を気に病んで、何がいけなかったのかと考えながら、何度も何度も頭の中でその失敗を反芻することがある。しかし、自分の成し遂げたことにこそ誇りを持つべきだ。成功を心にとめ、そのうえにさらに成功を積み重ねていくべきなのだ。

## 二人の大成功者に学ぶ「人生という橋」の渡り方

あの伝統的なアムウェイ帝国（訳注　アムウェイ社は、家庭化学用品・化粧品を扱う米国の大企業）の共同設立者であるリチャード・ボスとジェイ・ヴァンアンデルは、失敗について賢明な見方をしている。ヴァンアンデルは、失敗を「すばらしい言葉」だといっているし、ボスも「最良の言葉の一つ」だと同意する。なぜか？　ヴァンアンデルはこういうのだ。

「失敗は、いわば橋だ。橋の真ん中で立ちどまって、下へ飛びおりる者もあるが、その橋の向こう側には全く新しい世界が開けていることを知っている者もある。ただ、歩きつづければよいのだ。そして、将来次々と橋に出会っても、恐れてはいけない。橋は必ずどこかへ連れていってくれる。大切なのは立ちどまらないこと、そして自分がどこへ行きたいかを知ることだ」

ボスとヴァンアンデルは確信を持ってそういいきるのだ。なぜなら二人は、共にいくつもの橋を渡ってきたのだから。

## 「何に」失敗したかではない、失敗から「何を」引き出せるかだ

成功だけを心にとどめるとはいっても、過去の失敗を無視してはいけない。失敗から学ぶべきものがたくさんあるからだ。どのようにして、またなぜ失敗したのか、何が間違っていたのか、次はどうすればうまくいくかを調べる。

失敗からあらゆる教訓を引き出したうえではじめて、失敗を忘れるべきなのだ。

グリーン・ベイ・パッカーズのバート・スターとヴィンス・ロンバルディにまつわる話は、この点をよく物語っている。ある試合の終わり近く、パッカーズは勝っていた。スターがパスしようと後退したところへ相手の猛攻撃にあった。あわてて投げたボールはインターセプトされ、それがもとで試合に敗れた。試合後、ロンバルディはチーム全員の前で、スターを激しく

どなりつけた。チームの誰よりみじめな気持ちなのはスター自身だった。インターセプトされる危険をおかさず、ボールにしっかりとくらいついて、力尽きるまで頑張るべきだったということが、彼にはわかっていたのだ。しかし、後になって、ロンバルディはスターのそばにきてこういった。「自分の間違いに気がついたんなら、もうきれいさっぱり忘れちまえよ」

失敗はこういうふうに考えるべきだ。その当初は気が滅入るし、こんなことならしなければよかったと思う。しかし、してしまったことは、取り返しがつかない。ただし、失敗に対する態度は変えることができる。スターのように、失敗から学んだ後に忘れればいいのだ。

## 失敗の傷口を「自分の強み」にまで高める四カ条

失敗について心にとめておくべき四カ条をあげておこう。

(1) 失敗することは敗北ではない。失敗は、生きている証拠のようなものだ。同時に、何かをやってみたという印でもある。何かを成し遂げようとする。何かになろうとするということは、失敗の危険をおかすことだ。完全に失敗を避けるということは、何もしないということだ。

(2)　一つでも教訓を得たら、失敗は忘れること。前にも述べたが、これは重大なことだ。失敗をくよくよ考えていたら、他のことが目に入らなくなる。人間である限り、何かよいところを持っているはずだ。それに全力を集中しよう。失敗は、教訓を得たら忘れ去り、よいほうに目を向けるのだ。

完全な人間などいない、とよくいわれる。全くその通りで、例外はない。自分もそうなのだ。失敗は不名誉なことではない。もし不名誉なことだとしたら、われわれはみんな恥ずべき人間だということになってしまう。失敗はわれわれ全員に共通なものなのである。

(3)　努力しつづけている限り敗北はない。全力を尽くしていれば、失敗は恥ではない。目的もなく挑戦も冒険もせずに生きることこそ、恥ずかしいことだ。目的がなければ、努力するあてもないし、現在の自分よりよくなるよう成長を強いるものもない。何もせずにうまくいくよりは、大きな目的に挑戦して失敗するほうがよいのだ。

(4)　失敗は、自分でそう認めさえしなければ決定的なものではない。過去に何回も失敗したとか、現在失敗しているからといって、この先もずっと失敗しつづけると思うのは間違っている。私はかつて幾度も事業に失敗して、ついには破産の瀬戸際までいったその時、何人もの専門家に、あきらめて破産宣告を受けたほうがよいといわれた。

しかし、私はそうはしなかった。その時私の事業の成功のために、力を貸してくれた人たちがたくさんいた。神も守ってくださっていると信じていた。最終的には、どちらを選ぶかであったのだ。無難な道を選ぶか、立ちあがってもう一ラウンド戦うか。

つまり、あきらめずに努力する限り、敗北者にはならないということだ。われわれは、失敗から、してはいけないことを学ぶ。エジソンは電球をつくるのに、六〇〇〇回失敗を繰り返したという。さぞがっかりしたでしょう、との問いに彼はこう答えた。

「いや、その六〇〇〇の方法ではダメだということがわかったんですからね」

エジソンのように失敗から学ぶことが必要なのだ。

人生における最大の失敗は、努力をやめてしまうことである。

## 失ったものの代わりに必ず得るものがある！

他の人たちが成功へのちょっとした機会を与えてくれることがあるが、そういう時にわれわれは自分の能力を信じ、目的に向かって前進しつづけていなければならない。

落下傘部隊の軍曹であったハロルド・ラッセルは、事故で両手を失い、挫折感と敗北感に打ちのめされた。両手のない人生が恐ろしかったのだ。生きようと死のうと、どうでもよくなっていた。そういったある日、やはり両手をなくした兵士が病院にラッセルを訪れて、最初に越

える べき障害は自分自身だと説き、エマソンの次の言葉を引用したのである。

「何にせよ失ったものがあれば、その代わりに必ず得るものがある」

これ以来、手を失ったことが転機となった。彼はベストセラー作家になり、幼なじみの恋人と結婚し、世の男性の多くが夢みる成功を手にしたのである。

### ●「無法者」が「判事」に大変身できたきっかけ

ジョゼフ・ソレンティノは、ブルックリンの貧民街の無法者たちの間で生まれ育った。高校を中退した後、彼は、数えきれないほどたびたびギャングの抗争に加わり、海兵隊では素行不良とケンカのために除隊になった――これが二十歳までのことである。

海兵隊を出た後、彼は街に舞い戻って、コンドル団の一員となった。ある年上の男を崇拝していた。ソレンティノはこう回想している。

「私は彼のようになりたかった。タフで、楽な金もうけの方法をたくさん知っていた。だがある晩、外で他の奴らとケンカになった時に、私の英雄は目の前で頭を撃ち抜かれてしまった。私は警察へ行って、遺体の確認をしなければならなかった。その時、急に自分の人生に変化が起こったのだ。

それまでは、コンドル団の団員を、漫画雑誌の主人公のように思っていた。特にグループ同士のケンカを新聞が書き立てたりするとよい気分だった。スーパーマンか何かのつもりになっていたのだ。しかし、私が崇拝していた男の死体をみた時、誰も漫画の主人公などではないことがわかった。私たちは全員、現実の人間なのだ。そして仲間の一人はもう生きてはいない」

ソレンティノはその時、悟ったそうだ。

「今までのようなことを続けていたら、自分もやがてはその仲間のように、路上に倒れることになるだろう。そんなことにはなるまい、と私は決心した」

しかし、ソレンティノの道は安易ではなかった。

まず高校の教師ローソン氏が、一生懸命勉強すればよい生徒になれる、といっていたことを思い出し、学校に戻ることに決めた。最初は途中でやめた高校の三年間を夜学に通うことにした。その間、鶏の羽をむしる仕事で生計を立てた。

高校を卒業すると、ソレンティノは今までの環境からできる限り遠ざかりたいと思い、カリフォルニア大学へ籍を置いた。一年目は夢中で勉強し、二年目からは奨学金を受けることができた。

三年目までは、勉強に忙しくて何をする暇もなかったが、彼の才能はしだいに花開きはじめた。重量挙げのコンテストで優勝、レスリングではチャンピオン、そしてフットボールの選手。おまけに、この四年目に彼は学生の肉体美ナンバーワンに選ばれ、学業のほうも二番の成績で卒業したのである。

四年間の厳しい勉強のおかげで、たくさんの会社からよい条件で勧誘されたが、彼はそれを断わった。

「私は海兵隊へ戻った。やりなおして、間違いを正したかった。自分が悪い記録を残したと感じていたので、それをよいものに変えたかったのだ。そこで一年間実地勤務につき、さらに二年間、非現役で働き、名誉ある除隊となったのだ」

自分の境遇からなんとかはいあがろうというソレンティノの努力の次の段階は、ハーバード大学の法科への入学であった。

「デートしようとしたラドクリフ女子大の女の子たちは、私が法科の学生だということを信じなかった。まだ下町風の話し方や態度が抜けていなかったのだ。彼女たちは私を、ハーバードの管理人の一人と思っていた。そこで私は言葉づかいを磨くことに努め（カリフォルニア大学で、すでにスピーチを専攻して話し方の勉強をはじめていたのだが）、三年後には学内の弁論大会に優勝した。そして、信じられないことだが、卒業式では総代に選ばれて答辞を述べたのだ」

彼の卒業演説は、タイム誌にまるまる一ページにわたって載せられた。この演説には、次のような考え方が述べられている。

「人間には、適性検査では測り得ない特性が備わっている。たとえば、勇気、精気、決断力、独創性等。たとえ社会のものさしで否定的に扱われても、気を落としてはいけない。人からの低い評価も、大いなる希望の炎を消すことはできない。あるできごとの結果によって、ひどく夢をこわされる場合がある。若い頃に、お前はロクなものにならない、と宣告される場合もある。しかし、だからといってそれに従わなければならないわけではないのだ。私の場合も、似たようなものだった。だが私は絶対にそうはなるまい、と決心したのだ。人生がどんな終わり方をし得るものか――路上で死んで死体置場に横たわるような死に方もあることを、私はみて知っているからだ」

ブルックリンの下町の鼻つまみものだったソレンティノは、現在、ロスアンジェルス地区の少年裁判所の判事である。

●女の細腕、女の忍耐力で見事に勝ち取った「逆転人生」

あきらめずに戦い抜いた、もう一人の人物を紹介しよう。名前はアン・パーソン。オレゴン州の小さな町で夫とやっていた食料品店が失敗したのが事のはじまりだった。収入を補うために、夫は木材会社をはじめたが、事故で背骨を折り、事業はつぶれた。

二人はビタミン剤の戸別販売をして暮らしを立てなければならなかった。投資していた飛行機販売会社は、さっぱり業績があがらなかった。アンは、額縁や版画の販売と洋裁をはじめた。夫の事故から五年目に、今度は彼女が自動車事故にあい、二年間歩くことができなくなった。事故のために、アンは自分の好きな仕事である洋裁に専念することになった。教室を開き、経験を生かして、洋裁の基本的なテクニックと、既製の型紙を切り抜いて使うパターンソーイングを開発した。昼間はこの方式の普及に努め、夜は新しい型紙の研究に打ち込んだ。

それから数年後、洋裁教室と同時に素材を売る織物センターがオレゴン州のバーンズに設立された。今では、アメリカとカナダに、二一〇もの契約店と支店があり、年間の売り上げは七四〇〇万ドルにものぼっている。

失敗や手ひどい打撃にあっても、アンは前進することをやめなかった。工夫と忍耐力で、成功を手にしたのである。

## 成功する人は錐《きり》のように一点に向かって働く！

毎日の悩みで心がくじけそうになったら、さまざまな障害を克服して成功した人たちのことを思い出してみよう。ガンを克服して奇蹟的なカムバックを成し遂げたゴルファーのジーン・

リッター。少年時代の極端に内気な性格を克服し、世界的に尊敬を集める宗教家となったノーマン・ヴィンセント・ピール。三重苦を克服して生涯を社会運動に捧げたヘレン・ケラー。

これらの人々は有名な例だが、失敗や不安を克服した心打つ人々は、他にもたくさんいるのだ。われわれは、身近な人のことを見落としがちだ。医師になった隣人が、実は学費が払えないために、働きながら人の倍かかって卒業したという苦労を知る人は少ない。若くして四人もの子供を抱えた未亡人の苦労も、子供たちが指導的立場の人間になってはじめて顧みられるし、生まれつき両手のない少女の苦しみも、口に筆をくわえて有名な画家になるまでは人目を引くことはない。われわれのまわりには、逆境を正視し、決してそれに屈しない、無名の人たちがたくさんいるのだ。

有名であるかないかにかかわらず、逆境や失敗を克服してきた人々には、共通の性質がある。

- 失敗を挑戦として、よい経験として、成功への踏み台として受け止めること。
- 成功することに全力を集中し、目標に達した自分を心に描いていること。
- 失敗しても頑張りつづけること——努力と忍耐と決断力が最後には勝つと信じること。
- 持続性と信念を持っていること。

セオドア・ルーズベルトの言葉は、時代を越えて今も生きている。

「人々が信頼するのは、強い男がどうしてつまずいたのか、ある行為はもっとうまくやれたのではないかなどと解説したり指摘したりする批評家ではない。実際に戦いの場に臨んで、血と汗と泥にまみれた人々だ。雄々しく戦う人々、何度も何度も失敗する人々、大きな情熱と献身の気持ちを持った人々、価値あることのために自分を捧げられる人々、偉大な事業を成し遂げる勝利感を知っている人々、失敗したとしても、重大な問題に挑戦した人々。たとえ失敗しても、彼らは、勝利も敗北も知らないような冷たい臆病な人たちとは一線を画しているのである」

## 4　なぜ、そんなに臆病になるのか！

豊かな人生は、即、苦闘の結果である。この人生という名のゲームで苦闘を惜しまない人があれば、その人は勝利へ向かっているのだ。

あやまちと失敗とは同一視されやすい。しかしこれは間違っている。また、あやまちを避けようという苦闘が失敗とみなされることも多い。私は、あやまちも苦闘も、価値ある体験だと信じている。私自身が、非常に多くのことをあやまちと苦闘から学んだからだ。

鳥の巣をみつけたら、ヒナがかえるまで見守っていよう。しばらくすると、母鳥はヒナが羽ばたいて巣立つべき時を悟る。ヒナの羽はもう充分強くなって、飛べることを知っているのだ。しかしみていると、なかには臆病なヒナがいて、安全な巣から出ようとしない。全くその気にならないヒナもいる。間もなく、母鳥はヒナたちを説得するのはやめて、実際に巣から追い出してしまう。飛ぼうと思いさえすれば飛べることを知っているからだ。

ところが、一日二日して巣の下へ行ってみると、一羽か二羽のヒナが死んでいることがある。夢中で羽ばたくことをせずに地面に落ちたヒナたち、臆病で羽ばたくことができなかったり、飛ぼうとさえしなかったヒナたちだ。戦ってみようとは思わなかったことが、そのヒナたちのあやまちだったのだ。そのために死んでしまったが、苦闘したヒナたちは生きて空を飛んでいるのである。

荒地に生えている樹木をみてみよう。岩肌で、植物の生育には水分も不充分な山腹に、みごとな木が生えていることが多い。よくみると、二種類の木があることがわかるだろう。必死で根を下へのばし、岩の間を通って地下から水と養分を吸いあげている木と、苦闘をやめて枯れてしまった木だ。

自然界では、繰り返し繰り返し、こうしたことが行なわれている。共通の先祖から、苦闘して成功する子孫と、努力不足で死んでいく子孫とに分かれるのだ。ここから教訓を汲み取るべきではないだろうか。苦闘のないところに人生はない——そこにあるのは死だけだ。従って、苦闘のない人生はないし、苦闘がある限りそこに必ず変化がある。苦闘は静止しているのではなく、常に変化の方向に動いている。その反対方向にあるのは死だ。

生まれて以来、われわれは何かをするために苦闘し、その結果変化する。変化は成長なのである。自分のことだけを考えていればよかった幼年期、学校へ行き先輩たちからさまざまなものを吸収する青年期、自分と家族のために生計を立てなければならない壮年期、そしてしだいにその活動がゆるやかになり、やがてはもう変化できなくなる老年期。

誕生から死まで、人間の一生は戦いであり、学習の過程である。その過程で、われわれは、物質的にであれ精神的にであれ、先駆者たちの発見や研究のおかげをこうむっている。そして、われわれは生きている間に、後に続く世代に残せるようなことを成し遂げようと努力するのだ。これが変化であり、成長であり、苦闘なのである。

成長と変化は、新しいチャンスを生み出す。成長して靴が小さくなったら、新しいのとかえなければならない。服が小さくなれば新調するだろう。同時に、ある考え方から得るものがなくなった時には、成長と変化が新しい考え方をみつける手助けをしてくれる。苦闘によって、自分にあるとは思いもよらなかったような力が発揮される。戦わなければ決して発揮されることのない力が。

## 人生では「全問正解」が必ずしも一〇〇点満点とは限らない

全問正解の答案からは、その学生の知らないことが何かはつかめない。テストの問題については答えを知っている、ということがわかるだけだ。しかし、あらゆることについてすべてを知っている人はいないのだから、その学生に欠けている知識が何かを知るにはどうしたらよいだろうか？　正解の出た問題よりさらに突っ込んで、いろいろな質問をしてみればよい。解答の出ない問題にぶつかった時、はじめてその学生の知識と能力の限界がわかるのだ。

数学科の学生が、数学についてすべてのことに答えられることなど、考えられるだろうか。全く不可能なことだ。はじめに、学生は数学の基礎を学ぶ。一年目の勉強が終わらないうちに二年目の段階へは行けない。学生は原則として、第一段階をマスターするまでテストされる。それから次の段階へ進むのだ。第一段階で失敗した場合には、完全に理解するまで繰り返し学習しなければならない。

学習を成功させるには、段階を踏むことが大切である。まず基礎を学び、間違いをし、自分の知らないことを突きとめてから次の段階へと進む。

だからこそ、間違いは有益なのだ。学習の道程でもあり、学び損なった点を指摘してくれるものでもあるのだから、間違いは決して悪いものではない。ダメだということを意味するものでもない。基本的なことで把握していない点を指摘するか、それを教えた人物が正しく説明しなかったことを指摘するものだ。

成長する人は、必ず間違いをおかす。そこから学ぶのだ。本当の誤りとは、あきらめてしまうことだ。

ポリオやはしかや天然痘のワクチンを発明するのに、何年も費やした研究者のことを考えてみよう。間違いをするたびに、彼らはそれを消去して、新しい考え方へ目を向けた。こうして、徐々にワクチンをつくることに成功したのだ。だがもし、間違いをすることが許されなかったとしたら、われわれはいまだにこれらの病気に対して完全に無力だったであろう。

間違うことは、まさに、学習の一過程だ。しかも最も貴重な過程である。そのことを認識しなければならない。解決へと的をしぼって、必要な解答へと歩き出すのを可能にしてくれるのだから。

オリバー・ウェンデル・ホームズ（一八〇九～九四。アメリカの医者にして詩人・文筆家）はこんなことをいっている。

「トラブルを避けて通る道があったとしても、私はそこを通ろうとは思わない。誰にとってもためにはならないだろう。トラブルはそれを解決する能力を引き出してくれる。問題を大事に抱え込んでいろとはいわない。それは、問題を敵視するのと同じくらい無意味なことだ。私がいいたいのは、問題と親しく友達づきあいをしたほうがよいということだ」

## つまらぬ心配、つまらぬ計算をするから伸び悩むのだ！

だが失敗などというものは存在しない、と思ってもらっては困る。失敗は確かにあるのだ。しかし、これは心の状態、しかも否定的な状態で、よいことも、進歩も、学ぶべきことも何もありはしないと信じ込んでいる状態を指すのだ。肯定的な考え方や、目標を立てて動機づけを行なうのとは全く正反対の状態だ。

巣から追い出された時に、羽ばたこうともしなかったヒナ。養分や水分を得るために根をのばそうとしなかった樹木。失敗に打ちのめされ、成功への道につながるヒントを学び取ろうともしない人間。これが敗北者だ。そこには、成長も変化もない。

野球ファンには親しみのある偉大なプレイヤー、タイ・カッブ（一八八六～一九六一）。彼の盗塁王としての記録は、何十年も破られなかった。しかし、彼よりもうまい盗塁の名手がいたことはあまり知られていない。

その名は、マックス・ケイリー。一シーズンに試みた盗塁が五三、成功したのが五一。何と成功率九六パーセントだ。

タイ・カップの年間盗塁数は九六で、これが記録となった。しかし試みた盗塁は一三四回。従って成功率は七一パーセントにすぎない。だが、彼はより厳しい条件でも挑戦し、失敗をもおかしたゆえに、野球の歴史に伝説として名前を残すこととなったのだ。安全なプレーをしたマックス・ケイリーのほうは、今では忘れられている。

タイ・カップにならって、間違いながらも努力しつづけよう。うまくいくことが多ければ、失敗したことは人から忘れ去られるものだ。

学生が単位を取り損なったり、進級できなかったりしてやりなおす時に、その学生を「失敗した」ということに、私はいつも抵抗を感じてきた。なるほど、彼はクラスメートについていけなかった。しかし、彼が教師から「落第生」という烙印《らくいん》を押されても自分ではね返そうと努力する限り、彼は敗北者ではない。落第して何年もやりなおした学生が、社会で輝かしい成功を遂げた例は、歴史に数多く残っている。

失敗を恐れる気持ちは、次の失敗の原因になる。

ある有名なピアニストは、暗譜する時に一番むずかしいことは何かと聞かれて、こう答えた。

「恐怖感です。忘れるのではないかという……」。さらにそのピアニストは、忘れるのではないかと心配している人は、いざ心配していた箇所にくると決まって忘れてしまうものなのです、とも話してくれた。

そこで、結論をいえば、本当の失敗とは、否定的な考え方のことである。ものごとが変化し、人が成長する時に直面する間違いや問題に対して、何もしないでいることに甘んじる態度だ。間違いから学び、それを克服しようと努力することが、すなわち目標へ向かうことであり、成長の証しである。

## 「自助努力」を忘れてしまったペリカンの悲惨な末路

植物の苗や幼い子をみていると、誕生から一人前になるまでの成長というものがはっきりとみてとれる。植物は二、三カ月のうちに大きくなって実を結ぶし、幼かった子供も数年で立派に成長する。

しかし、学習の過程は、植物や子供の場合と少し違っている。人間には停滞期があって、学習の曲線が上向きになるまでに、かなり長い期間がかかることがある。時には、この曲線が下降線をたどることさえあり、そこで意気消沈してしまったら、ますます下降することになる。

勇気がくじけそうになったら、曲線を全体的に眺めてみることだ。時には停滞しても、部分的に下降線があっても、曲線全体が上向きであれば順調な成長曲線なのであり、落胆することはない。

植物や幼児と大人の成長の仕方が違う点は他にもある。植物や幼児は守られて成長する。たとえば、植物はまわりの雑草を抜いて風通しをよくしてやったり、水をやったり、刈り込んだり、害虫から守ってやったりしなくてはならない。幼児は、成長して自分のことは自分でできるようになるまで、母親が育てなければならない。

大人はそれ以上に自分自身の責任で成長するのだ。そこで、自分で学習の習慣をコントロールすること、学習態度に責任を持つことが非常に重要になってくる。

アメリカ西海岸の町モンテレーでこんなできごとが起こった。モンテレーはペリカンの楽園だった。漁師たちは、不要な魚の内臓をペリカンに投げ与えていた。ペリカンは喜んでそれを食べ、太り、怠惰になっていた。ところが、魚の内臓を利用する方法が開発されてきたため、ペリカンはエサを失うことになった。

それまで自分で魚を捕らなくてもよかったペリカンは、エサを探そうとはせずただ待っているうちにやせ細ってしまった。そうして多くのペリカンが餓死した。魚の捕り方を忘れてしまったのだ。

成長すると、自分に責任を持つこと、自立することが要求される。われわれは愛する両親に世話をしてもらう子供ではない。自分自身に責任を負う大人なのだ。

## 人生にいつも全力でプレーしているか、走りつづけているか

また、成長とは仕事であり、何かをすることであり、積極的な動機のある行動である。仕事とは、必死の努力である。

この努力には明確で有効な目的が伴わなければならない。努力すれば、精神的にも肉体的にも、能力がのび、情熱が湧き、想像力が刺激され、そして信念が生まれてくるものだ。そのうえ、怠惰になることなく、自分の使命を果たすことに専念できる。

間違いを恐れてはいけない。間違いは誰にでもあるものだ。そこから学び、同じ間違いを繰り返さなければよい。あきらめてしまうこと、努力するのをやめることが致命的な間違いだ。

行動には言葉より大きな力がある。人生に積極的に参加すること。喜んで苦しい努力を引き受け、チャンスの到来に備えておくこと。評価は、出発点で下されるのではなく、最後に何を成し遂げたかによって下されるのである。

変わろうとしない者、それは死者である。
成長しようとしない者、それも死者である。
生と死と、あなたはどちらを選ぶか？

## 5 スケールの大きな人間はこうしてつくられる！

私は困難な状態にぶつかった時、それを自分への挑戦と受け取る。なぜか？さまざまな問題に取り組むこと、そしてそれを乗り越えることが人を成長させるからだ。解決すべき問題がなければ、進歩もない。問題がないこと自体が問題だからだ。

私が、問題をチャンスと考えるのはなぜか？　それは私が信じているもの、つまり、目標とするものに専念すること、積極的姿勢、信仰、人や自分を信じること、家族や仲間への愛、といったものをより強化するのに役立つからである。私はそれを、一つの挑戦であり、自分の能力を人のために使ったり、自分自身や自分の事業を改善したりするためのチャンスだと考えている。困難な問題に立ち向かえばスケールの大きな人間になり、スケールの大きな人間になれば、さらに大きな問題にぶつかるものだ。

どんな難問も解決できないものはない。私は心からそう信じている。私がすべての問題を解決する、という意味ではない。どこかに解決の可能性があるはずだと思うのだ。そして、できる限り自分の力で解決しようと思っている。

## "問題"がビッグ・チャンスにつながる典型例

世の中に問題が一つもなかったとしたら、われわれは、いったいどんな暮らしをしていることだろう。

暖を取らなければならない、という問題がなければストーブもない。速くどこかへ行きたい、ということがなければ車も飛行機もない。壊血病やポリオで死んだり体が不自由になったりする人がいなければ、治療法はみつからなかっただろう。身を休める必要がなければ家もなかったろう。

問題が起こると、そこに個人や組織の運命を変える可能性が生まれる。

一例をあげよう。シンシナティのある小さな石鹸工場で、うっかり者の作業員が機械を止めずに昼食に出かけた。どうなったか？　工場じゅうがシャボンだらけになった。捨てようとしたが、思いなおしてとにかくそれを石鹸の形にしてみた、水に浮く石鹸だ。こうして、プロクター・アンド・ギャンブル社の主力商品である、アイボリー・ソープが誕生したのだ。タイミングも申し分なかった。この一八七九年という年には、この社の主流製品であったローソクが、エジソンの電球に取ってかわられようとしていたからだ。

問題がチャンスを生み出す例は多い。一九一八年の夏、一人の若者がユタ州からワシントンへ出てきた。彼には、息苦しいまでの蒸し暑さがこたえた。ユタ州の気候とはまるで違っていた。

数年後、この蒸し暑い気候を思い出した彼は、ワシントンにおけるルートビヤー（草木の根などの汁を原料とする炭酸入りの清涼飲料）の独占権を買った。一九二七年の夏にスタンドを開いたが、その売り上げは大変なものだった。フロスティジョッキに入れた冷たいルートビヤーは人々の人気を集めた。しかし、十一月ともなると身を切るような冷たい風が吹きはじめ、ワシントンの人たちは冷たい飲物などとても飲む気にならなくなった。

客がこなくては、どんな商売も成り立たない。店じまいもやむを得ないところだった。しかし、彼はこれをチャンスに変えたのだ。店の名前をホットショップと変え、チリ（肉とそら豆の唐辛子入りシチュー）、ホットタマーリ（ひき肉等をとうもろこしのさやで包んで蒸したメキシコ料理）、コーヒー、サンドウィッチ等を出した。

五〇年たった今、店主のジョン・ウィラード・マリオットは、四五〇のレストラン、三四のホテル、それに遊覧船などを有するマリオット帝国に君臨している。

どんな難問にも必ず解決法があると信じるし、その問題が私個人に関するものであれ社会全体に関するものであれ、私なりに最善の努力をするつもりだ。そうすればいつか道が開けると確信している。

## 〝やっかいな問題〟解決の技法はこれしかない!

問題を解決するには、次の六つのステップがあり、どんな場合にもこれをすべて踏まえていなければならない。

(1) 問題を恐れず、冷静になること。
(2) 心を乱さずに、よく問題を見きわめること。
(3) たとえ小さな問題でも、全力集中して解決に当たること。
(4) いきなり未知の部分に飛び込まず、わかっていることからはじめること。
(5) 自分にとってばかりでなく、他人にとっても有益な解決法を選ぶこと。
(6) 多少の危険があっても行動すること。

この場合、六つのステップをきちんと踏むことをすすめたい。時には端折《はしょ》ってうまくいくこともあるが、それには危険が伴う。

〝近道〟は大いに時間の節約になる場合もあるが、問題を解決しようという時には好ましくない。問題の解決には、しかるべき精神状態と論理的な態度が要求されるからだ。問題を分析できる精神状態になければ、分析しようとしても失敗するし、論理的な態度で事に当たらなければ、論理的解決は得られない。

●第一ステップ――どんな問題でも後込《しりご》みせず、否定的な見方は一切やめる

恐れは否定的感情である。ここからは解決の道は生まれない。まず否定的な見方は一掃してしまうべきだ。

うろたえていては思いつかないことも、冷静になれば考えられる。問題が起こったからといって、悪いことをしたとか取り返しがつかないのではないかと思ってはいけない。問題をそのまま受け入れて、正面きって取り組めると信じ、解決できると信じることだ。そう思った時にはじめて、眠っていた才能を使って解決策をみつけることができる。

問題には、自分の注意をひく何か新しいことにチャレンジする時のように、情熱と高揚した気持ちで接すること。その時はじめて、問題の分析と解決に全力を集中することができる。

●第二ステップ——問題を客観的にみつめ分析し、正しい事実をつかむこと

問題を分析する。問題を理解している仲間や友人に相談するのもよい。忠告が得られよう。どんなふうに問題が起こってきたのか。どういうできごとの結果として問題が引き起こされたのか？　誰がどのように関係しているのか？　どんな前ぶれがあったか？

問題について、あらゆる事実を調べあげ、正しい事実を把握しよう。なぜ起きたかについての直感は、頭から一掃すること。事実だけを考えるのだ。これ以上できないというところまで徹底的に問題を分析し、自分でコントロールできる要素とできない要素を認識したら、後は解決できるという信念をくずさないことだ。

●第三ステップ——解決に全力を注いでいるか。大問題・難問ほど因数分解方式で単純化せよ

問題を充分に分析し、その経過や原因についての情報をすべてつかんだうえは、もうその問題に注意を向ける必要はない。潜在意識にとどめておけばよい。全力をあげて解決策を考える段階なのだ。解決策を考えることを第一に念頭に置くことがいかに大切か、この点はどんなに強調しても足りないくらいだ。

くよくよと気に病むばかりで、ほとんど、あるいは全く解決の道を考えない人が多過ぎる。そのうちに、問題が起こったことで自分を責めたり、他人まで責めたりしはじめる。これでは

事態は悪化するばかりで、解決の道からはますますはずれてしまう。

そうではなく、解決に専念しよう。そしてさまざまな断片的事柄をつなぎ合わせ、難問を追い払ったり、再び起こるのを防ぐための計画を立てよう。成就したいこと、その時期、かかわる人たち、計画に関するその他の重要な事柄はすべてをはっきりさせよう。ただ、あまり小さなことにこだわってはいけない。それは事が解決してから片づければよい。好き嫌いの感情に捉われるのもよくない。あくまでも、冷静に考えることである。

大きな問題を解決するのは大変だと考えがちだ。が、むずかしく考え過ぎないほうがよい。大問題も単純なことで解決のつく場合が多い。大騒ぎをしたり、結論を急いだりせず、充分な分析の後は自然に開けてくる解決の道を待つべきだ。いくつかの方法が考えられる場合は、一つを選ぶこと。迷って時間を無駄にしてはいけない。

どんな時にも、失望しないことが大切だ。一〇〇回のうち一度でもうまくいけば、それは成功なのだから！

### ●第四ステップ――まず自分にできることから手をつけよ

困難に直面した時、ただやたらに右往左往することがある。明快な解決に役立つかもしれない自分の知識や経験のことを忘れて、冷静に問題を分析すれば、解決を見出すのを助けてくれるような事実が見つかるはずだ。たとえば、前にも似たような問題があったとしたら、その時の経験で得たものを生かして、よりよい解決の道を見出せるはずだ。

まず、経験ずみのことからはじめること。ある種の行動が過去に成功しなかったのなら、それを繰り返すのは愚かなことだ。経験を有利に使おう。また、ある製品についてある種の売り込みが特に成功したということがあれば、新しい商品にもそれを応用してみよう。経験ずみのことから未知のところへ進む場合に、行き当たりばったりの危険をおかさないことだ。

## ●第五ステップ——それは相手にも充分納得のいく解決策か

サービス業として世界有数のロータリー・インターナショナルでは、考え方や言動の目安として、四つのポイントを定めている。この四つのポイントはまさに、われわれの求める正しい問題解決法を示していると思う。

(1) 真実であるか？
(2) 公平であるか？
(3) 善意と友好関係を生み出すものか？
(4) 関係者全員の利益になるか？

たった一人の人間だけにしか関係のない問題はまれである。二人以上の人間がかかわり合っているということに、まず問題の存在する理由があるのだ。一方的で自分本位の解決法は、決して本当の解決ではなく、問題を長びかせ悪化させるものにすぎない。

## ●第六ステップ――素早くかつ大胆に行動に移せ！

行動の重要性については繰り返し述べたが、解決の方策が立ったら、手をこまねいていてはいけない。実行に移すべきだ。行動に移るのが早ければ早いほど、解決も早くなる。

問題は自然に解決すると信じていて、時が解消してくれるのを待って問題を内に秘めてしまう人も多い。第五ステップで示した四つのチェックポイントのことを念頭に置けば、実際にそんなことは起こり得ないのがわかるだろう。なぜなら、問題にかかわり合っている他の人たちが迷惑をこうむっているからであり、最初の問題が解決への道をたどらない限り、必ず二次的な問題が生まれてくるからである。するべきことを怠って問題の解決を時にまかせるような人物は、やがて仲間の尊敬を失い、無能力だということを露呈することになる。

いつ行動すべきかは、また別の問題だ。一〇〇パーセント成功するという確信が持てるまで待つ必要はない。多少の危険はあっても、その危険を引き受ける自信があれば、行動に移ってかまわない。山道に大きな岩がある。その岩の陰に、十中八九熊がいそうだという場合、確かに熊がいることを確認するまで逃げてはいけないということはない。それと同じことだ。一〇〇パーセントの勝算がなくても、解決への行動を遅らせてはいけない。平静で自信に満ちた態度で事に当たれば、問題を解決できるだけの知恵と知識が生まれてくるはずだ。

つけ加えるが、数学にも解法が二つ以上あり得るように、いくつもの解決策が考えられる場合がある。どの方法を選ぶかは、前に述べた四つのチェックポイントを参考にし、自分と他の人々に最大の利益をもたらすものを選んでほしい。

## 「出口」のないトンネルはない!

問題には、必ず何らかの解決策があるといったが、まだ解決されていない問題も多いし、自分の問題を必ず自分で解決できるわけではないのも事実だ。むろん、大部分は解決できるし、経験を積めば積むほど、解決する能力が増す。問題は、むしろ「挑戦」と受け取るべきだろう。

われわれの先祖の時代にはとうてい不可能と思われていたような問題が、現在解決されつつあるが、一方では解決していかねばならない新しい問題も起こっている。

ダリル・スティングレーは、問題を抱えたまま生きることを知っている男だ。ニューイングランド・パトリオッツのスタープレイヤーであった彼は、フットボールの試合中に激突して下半身不随となった。あおむけに寝たままでも、彼はあきらめなかった。小さなものを持ちあげるのにすら苦痛を感じる彼は、こんなことをいっている。

「痛みについて、私はこう考えるようになった。〈痛い〉ということは、当然そこに感覚があるということだ。痛みは人間を考えさせる。思考は人間を賢明にする。知識と知恵は、平安な人生への鍵なのだ。だから、私は痛みを感じるのが好きだ」

スティングレーは、二度と歩けないし、力いっぱい腕を使うこともできないだろう。それでもあきらめず、一週間に五日は訓練に励んだ。「暗いトンネルの中を歩くのと同じだ。出口に何があるかわからないが、とにかく歩きつづけるのだ」

しばらく前のことだが、私の知り合いの婦人が、重大な手術を受けなければならなくなった。彼女は、その数年前に事故で息子を亡くしたうえ、息子同様にかわいがっていた一番下の弟を亡くしたばかりだった。彼女のことが気にかかって、私は電話をかけてみた。

困難に気がくじけそうなると、私はいつでもこの時の彼女の言葉を思い出す。彼女はこういったのだ。

「大丈夫よ。本当に、私は元気。元気がなくなったり苦労が多過ぎるという気持ちになったりしたら、車に乗って出かけていくのよ。私より不幸な人たちがたくさんいるところへ。それから自分のささやかな大邸宅へ帰ってくるの」

彼女の大邸宅というのは、小さなアパートの一室なのだ。

個人的にも仕事のうえでも、カウンセラーやコンサルタントの力を借りても解決できない問題があるかもしれない。しかし、決して絶望してはいけない。必ず道は開けるのだから。

# 4章

# 物事をもっとシビアに、もっと現実的に処理する法

賢い人はチャンスを自分からつくり出していく。
およそ世に障害のない仕事はない。
障害が大きければ大きいほど、その仕事も大きい。

# 1 チャンスを呼び込み、必ず「もの」にするために

成功は待っていてもやってこない。成功のほうであなたが手をのばすのを待っている！　チャンスがドアをノックした時、ドアを開けるのは自分自身である。

成功するか否かは、その人自身にかかっていると私は信じている。ところがチャンスの問題だと思って、成功のほうからやってくるのをじっと待っている人が、あまりにも多い。これでは運がよければ成功できるだろうが、そうでなければ必ず失敗する。

人生はチャンスにあふれている。自分で生み出すチャンスもあれば、神の恵みによるものもあるが、いずれにしても、それをつかむのは自分である。

人生には、言い訳もたくさんある。「歳を取り過ぎている」「時間がない」「やり方を知らない」「能力がない」等々。正直に自分をみつめれば、わかるはずだ。自分は歳を取り過ぎてはいないし、時間もあるし、やりたいと思えばやり方を学べるし、たとえ肉体的な障害があっても、ほとんどのことは成し遂げる方法があるものなのだ。こうしたさまざまな言い訳を一掃するには、それをしたいと強く欲することが必要だ。

皮肉なことに、人間は成人となり歳を取るに従って、自分の仕事や行動をあきらめるための言い訳を簡単にみつけ出せる。しかし、幼いために知識も技術も持たない子供は、一度心を捉えるものにぶつかると、断固たる自信と確信を持ってそれに突き進む。誰もそれを抑えることはできない。全身がエネルギーのかたまりとなって行動を起こさずにはいられない。恐れも疑いも、子供の頭には浮かばない。大人は歳を取るに従って、若々しい心を失い、エネルギーが低下するにまかせているというのは、何と悲しいことだろう。

成功とチャンスが運以外の何かによるということになれば、自分の行動をコントロールしなくてはならない。しなければならないことがあり、取らなければならない責任がある。まずは、目標を定め計画を立てよう。

## 右目で夢を、左目で現実を見すえる法

目標とそれに対する自分の姿勢の持ち方については前にも述べたが、そのうちのいくつかの点を確認しておこう。

目標は、基本的に二つのタイプに分けられる。個人的なものと職業的なものだ。二つの目標は相関関係にある。職業的目標を達成しなければ、個人的目標にも達することはできない。職

業的目標はどんなふうに生計を立てるかということに関係しており、個人生活の質に影響してくるからである。二つの目標がぶつかり合うこともある。この場合は、どちらを重視するかは各自が決めなければなるまい。

また、目標は生きていなければならない。五年前に立てた目標は、生活にも欲求にも変化が生じて今ではもう無意味になっているかもしれない。五年前には独身で結婚など念頭になかったのに、現在は結婚して二人の子供がいたりすれば、目標は変わるかもしれない。いや、変わるのが当然である。

会社が急成長し、五年がかりで達成するはずの実績を三年であげたとする。その場合、会社の目標はどうなるだろう？

そう、目標が生きていなければならないというのはそういうことだ。時に応じて修正しなくてはならない。

夢みることは、目標をはっきりさせるためのすばらしい方法だ。突然仕事をやめ、住む場所も変えて何か新しい仕事をはじめた、という人たちを私は知っている。彼らは自分に夢みることを許したのであり、そうしているうちに、夢を実現できるという自信が持てるようになったのである。

しかし、目標はあくまで現実的であるべきだ。一四〇センチにも満たない身長では、どんなに一生懸命ボクシングをやってもヘビー級のチャンピオンにはなれっこない。逆に、身長が二メートルもあったら、どんなに馬が好きでも競馬の騎手にはなれないだろう。目標を定める時には、それが理にかなった目標であるかどうか、判断力を働かせることが大切だ。

また目標は、道徳的にも正しいものでなければならない。そうでなければ、肯定的な考え方に対応しない。肯定的な考え方は、銀行強盗やサギ師を援助してはくれないのだ。

もう一つ大切なことは、目標を立てるのに遅過ぎるということはない、ということだ。毎日二キロメートル、山野をスキーで走ることを目標としている百五歳の老人もいる！　小さなパン屋からブラウンベリーオーブンという大製パン工場を築きあげたキャサリン・クラークは七十三歳。しかも、いまだに新しい事業を、新しい冒険をはじめようとしている。

## 夢を「夢のまま」で終わらせないプランの立て方

プランとは、目的を実現するにはどうすればよいかという、行動の青写真だ。行動プランをつくるには、次の五つのステップを踏むとよい。

(1)　計画を明確にすること。

(2) 長期計画と短期計画の二段がまえにする。
(3) 最終目標の他に、小さな目標をつくる。
(4) 状況の変化に応じて、計画を修正できるようにしておく。
(5) 計画をより確実なものにするために、絶えず反省し検討する。

●第一ステップ――目標にはまずしっかりした「梯子《はしご》」をかける工夫をせよ

バスケットボールのコートの端には、床から三メートルの高さに、直径四五センチほどの輪が備えつけられている。この輪の中をボールが通らなければ、点が入らない。ボールやコートの大きさに比べると、この四五センチの輪はかなり小さいが、場所はきちんと定められている。

計画も、はっきり限定すべきだ。目標が「博士になること」というのではあまり意味がない。博士にもいろいろな種類があるからだ。医学博士、言語学博士、文学博士等々。博士の称号を得ることだけが目標ではないはずだ。その内容をもっと限定する必要がある。仮に、医学博士になりたいとしよう。これならはっきりしているし、プランを立てることもできる。他のどんな分野にもあてはまることだが、この場合を例にとって、プランの設定を考えてみよう。

医学博士になりたい。しかし、もっと範囲を限定することはできないだろうか。自分の希望する特別な分野、たとえば小児科、それも、小児科一般ではなく子供の骨の病気を専門に研究したい、といったように……。ここまでくれば、はっきりした計画を立てやすくなるというものだ。積極的に、全力を集中して目標に狙《ねら》いを定め、着実な計画を立てていこう。

## ●第二ステップ——必ず長期・短期の二段がまえで計画を練る

長期計画の場合、そのために必要なこと全部を考慮に入れる。たとえば、医学博士になるためには、大学の医学部進級コースへ入り、それから医学部で学び、次にインターンへ進む。小児科を専門に研究するのはその次、骨の病気の研究はその後ということになる。どの段階も抜かすことはできない。どの時期も重大な要素であり、段階的にどのくらいの期間がかかるのかも考えておくべきだろう。学資を得るために、一年間勉強を中断したりする必要はないだろうか、修了時には何歳になるだろうか、等々。

目標が何であれ、こんなふうに明確にすること、職業的目標と個人的目標をはっきり識別し、必要な段階を確実に踏んでいくことが大切なのだ。

大きな目標に達するには、短期間ごとの計画を立てることも必要だ。これは一日単位、週単位、あるいは月単位の計画だ。医学部の学生であれば、一週間の計画はこんなふうになるだろう。講義——毎日五時間、研究室での実験——週三時間、演習——毎日一時間、勉強——毎晩四時間、睡眠——七時間。

こうした計画はもちろん、時に応じて変えていけばよい。

また、事業計画では、どんな新製品を売り出したらよいか、その時期はいつか、何人の社員をいつ新規採用するか、その職種は何か、会社を拡張するのはいつ、どんな方法でか、といったことを考えて短期計画を立てるとよいだろう。

### ●第三ステップ——目標は小きざみに、確実に

短期間の計画は、小目標、または中間的な目標に達するにはうってつけであり、そこで短期計画の各段階には期限を設けることが必要になってくる。周囲の状況に応じて変更があるのは当然だが、しかし原則的に期限は守るべきであり、やむを得ない時以外はむやみに変えてはいけない。たび重なる変更で、行動する時期を引きのばしていると、目標の達成は不可能になってしまう場合がある。

小目標が期間内に実現すると、心理的に非常によい効果を与えてくれる。何をするにしても、勇気を奮い立たせることが必要だが、その最良の方法は、自分のしたことに対して誇りを持つことだ。小目標に到達することは、「よくやった」と背中をたたかれるのと同じことだ。次の小目標への勇気と情熱が湧いてくる。

小目標の実現がずるずるとのびてしまうのは、計画の立て方が悪い証拠で、これでは情熱もうすれてしまう。たとえば、医者に一五キロ減量するようにといわれたとしても、それを一カ月でやろうというのはもともと無理な話だ。ほとんど不可能な目標を立てて、実行できないとがっかりしてしまう。充分に考えて、一週間に〇・五～一キロ程度の現実的目標を立てるべきだろう。

### ●第四ステップ――状況に応じて目標を修正する「余白」を用意しておく

計画は流動的なものだ。現実的でなければならないが、それには、計画に関係してくる新しい要素を常に考慮に入れることが必要である。変化の激しい現代では、次々と新しい事態が起こってくることが考えられる。

経済的に大きな変化が起こると、期限が重要になってくる。目標達成の時期を早めたり、のばしたりする必要が生じてくるかもしれない。災害や、家族の不幸があったりすると、目標や小目標を変更しなければならないかもしれない。目標とその期限に作用する要素は、他にもいろいろある。金銭的問題、住居の移動、重病、競争商品が突然市場に出まわること、法令が改定されること、等々。

状況の変化を認識するということ自体が、困難に直面することを避けて安易な道を選ぶための口実になることもある。自分自身を厳しくいましめよう。問題に挑戦することを第一とし、常に気持ちを新たに情熱を持って積極的に目標に向かおう。これは、状況の変化が目標やその計画に与える影響を無視してよいといっているのでは決してない。

### ●第五ステップ――「最善」の前には計画変更も辞さない!

日々の瞑想や祈りによって精神衛生上よい影響を与えるように、毎日反省のための静かな時間を持つことは、目標を考えるうえでよいことである。それによって常に目標を第一義的に考え、その遂行に向かって全力を集中できるからだ。

こうした反省の間に新しいアイディアが生まれ、目標を修正したり適応させたり、情熱を保たせたり、無駄な努力を省いたりできるのである。それは、自己動機づけの時でもある。計画に何かうまくいかないことがあった時には特に有益だ。そういう時、反省によって落胆がいやされるのである。なぜなら、反省して状況に順応することができれば、状況を自分に有利に使うことができ、計画もより緻密《ちみつ》になり、生産的な行動を確信できるようになるからだ。

結局、計画がなくてはよいものは生まれてこない。しかし、一つの考えに捉われてしまうよりは、無計画のほうがましだ。一流の建築家でさえ、市場に出た新しくてよりよい素材を取り入れるために、建築中に設計を変えるものなのである。

## 2　一分の無駄なく時間を生かしきる法！

時間は最も貴重な商品である。何ものにもかえがたいものなのだから、有効に使わなければならない。誰も自分にどれだけの時間が残されているか知らないし、無駄に費やされた時間は決して戻ってこないのだ。

「昨日は取り消された小切手、明日は約束手形。今日だけが、手にした現金」という言葉がある。目標が何であれ、自分に残された時間内に達成しなければならない。従って、時間をどう使うかが最大の関心事になるべきだ。それが仕事時間であれ、遊び時間であれ、時間から最大のものを引き出すには、前もって考えてから行動することが大切だ。

金銭はなくしても取り返せるが、過ぎ去った時間は決して取り返せない。

### 一見「非生産的」な時間が「生産的」な時間を生み出す！

休息のための時間を、時間の浪費と考えるのは簡単だ。事実そうかもしれないが、しかし、そうであってはならないのだ。

心身共にリラックスすることが必要な時もある。休暇を取る前は、疲れきって気がたっている。仕事で精力を使い果たし、ひたすら電話や人から逃れたくなっている。気分転換が必要なのだ。ところが、ゆっくり休暇を楽しんだ後は、充電されたバッテリーのように、気分も一新し辛抱強く仕事に取り組める自分に返っているのだ。

休暇は時間の浪費ではなく、レクリエーション、つまり「再生」のための時間であり、本来の自分と自然を取り戻すための時間だ。

仕事のうえからみれば生産的でなくても、心身の健康を回復するという意味で生産的な時間なのだ。仕事に追われてバランスをくずさないために、毎日多少の時間を心身の休息に費やすことが望ましい。

### ●時間の七大「浪費常習犯」

直接的にせよ間接的にせよ、一日の大半は労働時間であり、目標に達するには時間が貴重である。そこで、何が生産的な時間をつぶしているのか、どうすれば時間をより有効に使えるかを考える必要があるだろう。

時間を上手に使いたかったら、数日、あるいは一、二週間にわたって、一五分ごとに自分がしたことの記録をつけてみることを提案する。その記録を調べてみると、次のようなことでいかに時間が無駄にされているかがわかるはずである。

時間の浪費となる原因とその対策を次にあげてみる。

**①約束に遅刻する人**　約束に遅刻する人が多いことは、驚くばかりだ。しかも常習者がいる。みなが席に着いて待っているのに、遅刻常習者は遅れることを悪いとも思わず何度でも遅刻を繰り返す。たび重なれば、一時間や二時間はすぐに無駄になってしまう。

正直に反省してみよう。自分はどうだろうか？　もし遅刻常習者なら、自分が待たされるとどういう気がするか考えてみよう。気持ちがよいはずがない。人も同じだ。これを解決するのは、きわめて簡単なことだ。出発しなければならない時間を頭に入れ、その一五分前に出ればいいのだ。

**②おしゃべりとコーヒーブレイク**　もし職場で、長い間仕事仲間としゃべったり、コーヒーを飲んだり、郵便物がくるのを待っていたりしているとしたら、それは明らかに時間の無駄づかいだ。そのうえ、自分以外の人の時間もつぶしていることになる。

仕事に対して、もっと真剣にならなければいけない。仕事がつまらないのだろうか。もっと熱中できる職場に変わるべきなのだろうか。自分に正直になりなさい。時間を無駄にすると、損をするのは結局は自分自身なのだ。

**③邪魔と中断**　これはやむを得ない場合もある。上司に呼びつけられた場合、行くべきだろう。しかし、同僚がやってきたり、私用の電話がかかったりして、その日のニュースやうわさ話に時間をつぶすことが多いものだ。

そんな時、きっぱりと仕事の邪魔をしないでほしいといえば、かえって尊敬されるのではないだろうか。

**④優柔不断**　これによる時間のロスは大きい。すぐに行動に移れない、重要なことがいくつもあってどれを優先させたらいいかわからない、といった場合だ。しかし手をこまねいているよりは何かしたほうがずっとよい。

どの方法がよいか迷って一カ所にとどまっているより、一つの決断を下したほうがはるかに前進できる。

**⑤心配**　これも、時間を無駄にする大きな原因の一つだ。三章で述べたことがここでも当てはまる。

**⑥引きのばし**　これは心配と同類で、心配が原因になっていることが多い。優柔不断の同類でもある。

問題を引きのばしていては、解決しないばかりか、ますます事態を悪化させてしまう。たとえそのために仕事が増えるとしても、すぐに行動に移るほうが、明日にのばすよりずっとよい結果を生むものだ。

**⑦ミーティングや会議**　これほど工夫しだいで時間の無駄にも意義のあるものにもなり得るものはあまりない。だらだらと長びいて、退屈しきった人たちから、すばらしいアイディアが出てくるはずがない。もっと簡潔に意義あるものにできるはずだ。

まず、「開始時間」と「終了時間」を厳守する。会議事項は、各項目別に出席者を割り当て、責任を持たせる。準備するための時間を与え、担当者は必ず準備して会議に臨まなければならないようにする。

会議の進行係または司会者は、会議事項に従っててきぱきと進めていくこと。出席者の人数は、厳選してできるだけ少なくすること。

会議の時間帯も、一考の余地がある。月例会議を、一日の仕事がはじまる前の朝食時間に変えて、うまくいった経験がある。多忙な時間帯だと気が散って会議にならない。

## 時には自分の時間の「収支決算」をしてみよ

時間の無駄を少しでも省くには、自分がどう時間を使ったかを記録する方法が、一番よい。

充分有効に使っているつもりでいても、定期的に記録してみると、さらに時間を節約する方法がみつかるかもしれない。

こんな例がある。私の友人でつい最近、大会社の非常に忙しい部門の部長になった男が、返事を出さなければならない手紙の山に莫大な時間を取られて困っていた。二週間も前に手紙を出したのに、まだ返事がこないといった苦情まがいの電話やメールが、次から次へと飛び込んでくる。彼は、この問題をまず自分のデスクから検討してみようと決心した。

それは、次のような計画であった。

(1) デスクには、手紙やEメールのプリントアウトを入れる箱を二つしか置かない。つまり、きた手紙の箱と出す手紙の箱だ。今まであった「保留」の箱は、返事を出さない手紙が山積することになるので、置かないことにする。

(2) きた手紙には、二四時間以内に返事を出すこと。

(3) きた手紙に完全に答えるだけの資料が手元にない場合でも、いつ頃返事が出せるかを、二四時間以内に手紙の主に知らせる。

(4) 同時に、資料がなくて自分で返事を出せない場合には、きた手紙と関係書類をつけて、担当者へまわすこと。すべての資料が、一つのファイルになって返ってくれば、その時点で返事を出す。

(5)　当分その資料がそろわない場合は、返事を出す責任者が、その目安をカレンダーに印しておくか、秘書に専用のファイルをつくらせてそこに印をつけさせる。

彼が、この作戦を部下全員にも実行させると、すぐに効果があらわれた。取り引き相手はみなこのスムーズなコミュニケーションの流れに満足し、すぐに反応があるからというので取り引きを望むところも増え、そのことが社長の耳にも入った。このシステムのおかげで、彼の部門は新しい事業を拡張することもできたという。

何日も前の手紙を引っ張り出してそれに返事を出すために、以前の問題を蒸し返すこともなくなったし、返事を受け取るほうも、いらだちながら待っていることがなくなったのだ。

## 手持ち時間を二倍、三倍に生かす六つの知恵

時間を節約するために、私が経験から得たことを、次にあげてみよう。前に述べたことと重複するかもしれないが、とにかく時間を二倍、三倍に使えるよう工夫することが大切なのだ。試してみて役立つようなら、ぜひ実行してほしい。

(1) 時間を厳守する。人にもそれを要求する。

(2) 相手にすぐ連絡が取れない場合、要点を書いたメモを活用する。誰かへの質問の場合は、そのメモに答えを書いてもらう。

(3) 誰かとの会合が必要な時は、できる限り勤務時間外に一時間の会合を持つ。この場合も時間厳守で、会議事項はきちんと決めておく。

(4) 権限や責任を委譲する。何もかも自分一人で背負い込まず、部下に主導権を与え、同時に間違いをおかす機会も与える。これが部下が学び取る最上の方法である。

(5) カレンダーを活用する。必要事項を全部書き込んだら、その時がくるまでそのことは考えない。準備に何日か必要な場合は、そのことも書き込んでおく。このカレンダーには忠実に従うこと。また、他の人にもそうしてもらうこと。

(6) 電話を活用する。賢い使い方をすること。手紙やメモを読みあげて時間を節約できる時は、電話ですませるとよい。あまりぶっきらぼうでもいけないが、余計なおしゃべりは最小限度にとどめる。

時間厳守とは、いつ、どこに行くという約束を守ることだ。自分がした約束だということを忘れてはいけない。自分の言葉を重んじてもらいたいと思ったら、自分が自分の言葉を重んじなければならない。

不可抗力で遅刻する場合は、それによって迷惑をかける人に一言断わるべきだ。ほんのわずかなその行為で、自分は信頼するに足る人間であると思ってもらえるのだから。

時間を守ることによって、自分が時間を支配することになるし、時間が何よりも貴重な財産であり、いかにしてそれを最大限に使うべきか、ということを認識するようにもなるのである。

## 3 なるほど、これが本物の「成功者」だ！

成功とは、一種の人生哲学のあらわれであり、この哲学の根本は愛である、と私は思う。

物質的なものと成功とは関係がない。財産も地位もありながら、それらを失うのではないかと恐れながら生きている人たちがいる。一方には、物質的には恵まれず名声もないが、人のうらやむような幸福な生活をしている人たちがいる。私は前者を敗北者と呼び、後者の中に成功を認める。

障害者の職業訓練にかけてはアメリカ合衆国有数のリチャード・チャヴェズ協会の会長、リチャード・チャヴェズは、彼自身、ポリオのために足が不自由なのだが、成功について次のようなすばらしい定義を下している。

「成功にはさまざまな定義がある。金、権力、名声等を成功とみる人も多い。しかし、成功とは手を差しのべること、仲間を助けることができるということである、という考え方もある。物質的なものは売り買いできる。しかし、希望、勇気、誠実といったものを人に与えることができれば、その人はどれほど助かるだろう。人に与えるものは何であれ、自分に返ってくる。時がかかるかもしれないが、必ず返ってくるものだ」

## 「人のため」が必ず自分に返ってくる

正しい目標を達成するために、一生懸命努力すれば、成功はほぼ間違いない。どんな目標でも成就するというわけではないが、ほとんどは実現できるだろう。

前にも述べたが、目標は現実的で、正しい判断を反映していなくてはならない。もちろんかなりの努力が必要だ。そして、自分を分析し、弱点を知り、自己評価と努力でそれを克服しなければならない。目標の実現めざして、積極的に行動しなければならない。

ただし、その目標が他の人たち——毎日一緒に生活し働いている人たち——と何の関係もないものなら、それは利己的で価値のないものだ。目標は他の人々にも意義あるものであるべきだ。実現することが他人の害となるなら、その目標は利己的で、誰からも祝福を得ることはできまい。

しかし、目標が実際的で人のことも考慮に入れたものであれば、たとえ途中で困難や問題があっても、成功の途上にあると私は確信している。

われわれが事を引き起こすのだ。何事もひとりでには起こってはこない。目的を実現する場合には、間違いなくよいことを成し遂げること、成し遂げたことは、物質的な富であれ、知恵であれ、何であれ、自分自身のためと同様に他人の利益のために使うことを旨《むね》としなければならない。

よくいわれることだが、「売っているものは金で買うことができるが、幸福は買えない。人生で最も大切なのは、愛と業績だ。他のすべては、二次的なものにすぎない」。その通りだと思う。これが成功なのだ。

## 人生には常に「往きと帰りの道」がある

従って、成功は最も純粋な意味で、真実の愛である。愛すること――真実の愛――を知った時、それが誰であれ何であれ、幸福と成功の秘訣を手にすることができるだろう。

行動の重要性については前にも述べたが、行動は自己実現のための重大な要素であり、まだいい足りないところもあろう。情熱的に何かをすること、これが大切なのだ。行動がなければ、愛は空虚な言葉にすぎないことを肝に銘じておかなければならない。

人生、愛には常に往きと帰りの道がある。自分が愛を持って奉仕しなければ、人から奉仕を受けることはできない。

人に好意と共感を持って接しなければ、人からそのように接してはもらえない。尊敬と愛を持って子供を育てなければ、子供からうやまわれることも愛されることもできない。愛は、ヨーヨーやゴムマリのように、はね返ってくるのだ。

しかし、そのはね返り方がすばらしい。自分が与えたより、はるかに大きく強い力で返ってくる。何倍もの強さではね返ってきて、豊かな実りをもたらすのである。

それなのに、愛を自分の中にしまったまま満足していてよいのだろうか。眠らせたまま、役にも立たず死ぬのを待っていていいものだろうか。

個人的にであれ、職業的にであれ、成功者となり幸福になる唯一の道は、愛を分け与えることだ。それに対して、成功と幸福が返ってくる。これが成功の秘訣といえるだろう。成功は幸福の度合で判断される。そして幸福は、どれだけ愛を与えることができるかで決まるのだ。

## 4 説得力のある人に、人は引き寄せられる

伝達《コミュニケーション》の方法、いいかえれば、自分の考えや希望を人に伝えるための努力の方法はいろいろある。人がそれに応える方法も、またさまざまだ。前進しようと向上心を持つ人は、よい伝達の原則を理解していなければならない。

故意にであろうとなかろうと、われわれが他の人たちへメッセージを伝える方法、それが伝達の方法である。手紙やメッセージ等の文字による伝達、スピーチ等の声による伝達。無電機のようにたたいて伝達するもの、あるいは手旗信号。顔の表情も、苦痛、不幸、幸福、疑い、恐れなどを伝えることができる。ある人のそばに駆け寄ることは、その人物に会った喜びをあらわしているし、飼い主が犬の頭をなでるのは、愛情の表現である。母親が病気の子供の額にさわるのは、愛情と心配の印である。

言葉や感情が人から人へと伝わる方法は、数えあげたらきりがない。それに人が応える方法も、またきりがないのである。

親が子供に、「家に入りなさい」といったとする。子供はその声の調子がやさしければ、お

菓子をもらえるか、他に何かよいことがあるかと期待して、すぐ家に入るだろう。声が鋭くて怒った調子であれば、その同じ言葉を自分が悪いことをして叱られるに違いない、と受け取るのである。「家に入りなさい」という声がのんきそうであれば、必ずしも家に入らなくてもよいことを示しているだろうし、厳しい口調なら、外にいる子供に危険が迫っていることを示しているのかもしれない。

伝達に伴ってさまざまな問題が起こってくる。ある事柄を伝えたいのに、表情が言葉とは裏腹になってしまう場合。あるいは、こちらの伝えたいことが、受け取る側の内気さや頑固さ、心身の状態、その他諸々《もろもろ》の原因によって誤解される場合。伝える側のメッセージが明確でなく、要点がはっきりしない場合。あるいは、以前いったことを何の説明もなく変えてしまった場合。つまり、メッセージが正しく相手に伝わらないのは、次のような問題があるからだ。

(1)　送り手がメッセージを正しく送らない。
(2)　受け取り手が、正しく受け取らない。

家族間の問題にしても世界の問題にしても、すべてはコミュニケーションの失敗に原因がある、といっていい。これは一見、大げさと思われるかもしれないが、ちょっと考えれば、両者が互いに伝達をはじめない限り、問題は解決しないことがわかるだろう。

有効な伝達がいかに重要かはフットボールのチームプレーを見ればよくわかる。チームに作戦の合図が伝わっていなかったら、どうなるだろう？　他の選手が何をしているかわからず、チームには共通の方向というものがなくなってしまうだろう。バラバラで、収拾がつかなくなってしまうだろう。

## これなら絶対失敗しない「自己主張」法

自分の主張を正しく理解してもらうためには、こんなところに気を配りながらコミュニケーションをはかろう。

(1)　真実を話すこと。どんな場合にもごまかしてはいけない。真実を悟られまいとして事実を曲げて伝え、結局自分がそのワナにかかってしまうことがよくあるものだ。

(2)　要点を手早く直截《ちょくせつ》に話すこと。まわりくどい話は問題を混乱させ、聞き手に、何か自分にとって悪い意味が隠されているのではないかという疑いを抱かせる。まず自分のいいたいことをまとめて、単刀直入に話をしよう。

(3) 聞き手の意見を尊重すること。互いに違っている点を正直に認め合うことは大切なことだし、人と相違点のない人生などあり得ない。相違点があればこそ、人は議論をし、理解し合える共通点をみつけ出すことができるのだ。相手の意見を認識しなければ議論が混乱するばかりか、相手に無礼を働くことにもなる。

(4) 非難からは何も生まれない。非難は相手の反抗心を煽り立てるだけだ。話し合って、相手に論点を理解してもらうことが大切だ。

(5) 自分の尺度だけで人を測らないこと。同じ人物は二人といないし、育ち方や感情が全く同じという人もいない。人間の本性と行動を理解しようと努め、一人ひとりの人間をそれぞれ特別の人間として扱うこと。

(6) よく聞き、よく見よう。聞き手の反応には、その人の考えや気持ちが非常によくあらわれるものだ。言葉を聞くのはもとより、声の調子、態度や返事の素直さ、力強さなどに注目しよう。それらは、実際に話された言葉そのものより、もっと多くのことを教えてくれるはずである。

(7) 相手が自分のいうことを理解したかどうか、質問して確かめること。

また、あなたが聞き手になった場合は、自分に与えられたメッセージを正しく理解するための努力をするべきだ。次の点に注意しよう。

(1)　聞く。これが一番大切なこと。受け入れるか拒否するかの前に、よく話を聞こう。早まって結論を下してしまう場合が多いが、それは断片的な情報だけに基づいて考えを決めてしまうからだ。

(2)　伝達者に全注意を傾けよう。話の聞き方が注意散漫だと、混乱や誤解のもとになる。

(3)　質問をしよう。相手の話や、意図や、目的に少しでも疑問を感じたら、答えたり判断を下したりする前に質問すること。自分の解釈を説明し、それが正しいかどうか確かめること。

## 組織の「発光体」になれる人間は目のつけどころが違う！

コミュニケーションが効果的にできない人は、リーダーにはなれない。一口に上手なコミュニケーションといっても、誰にでもすぐできるとは限らないが、絶え間ない努力と練習によって、驚くほど早く上達できるものなのだ。この問題を真剣に考えないと、常に混乱やゴタゴタがついてまわることになる。そして、これが高じると、生じた誤解を解くのに貴重な時を費やさなければならなくなるのだ。

次に、コミュニケーションに必ずしも不可欠というわけではないが、有能なリーダーになる資格をあげてみよう。コミュニケーションの改善に、大いに役立つに違いない。

### (1) できる限り人をほめること

人に何かをさせるには、二つの方法がある――その一つはほめること、もう一つは罰すること。罰は不面目なもので、リーダーにはすぐ反発が返ってくる。雰囲気は否定的なものになり、この雰囲気を変えなければ生産的なことは何もできないし、リーダーも必要な支持や忠誠心を得ることができず、コミュニケーションをはかることもできない。

心理学者は、罰するよりほめることのほうが、人をやる気にさせるのにはるかに強力な力を持っていることを明らかにしている。ほめることによって、リーダーとの間に共通の絆が生まれ、交流が緊密になる。よいコミュニケーションは、ほめることの一種と考えてよいだろう。反対意見に進んで耳を傾けるということは、相手の側から見れば認めてもらったことになる。反対意見を理解しようとする努力も同じだ。

リーダーは、本心からでなくてはいけないが、できる限りほめたりねぎらったりして相手に報いるべきである。

(2)　権限を委譲すること

権限を人に委譲しないリーダーは、誰からも望まれない。委譲できるかどうかは、一番肝腎な点でもあり、委譲されるほうにとっても重要な点だ。「君を信頼している」といわれるのと同じことなのだ。

では、委譲は、効果的なコミュニケーションにどのようにかかわっているのだろうか？　この答えは、次の質問の形で考えてみるとよい――自分が権限を持っていることに関して、自分が主になって話をすることができなければ、誰が自分を権限あるものだと認めてくれるだろうか？　よいリーダーとは、遂行したいと思うことの方針を述べはするが、細かいコミュニケーションは他の人たちにまかせることのできる人物である。

(3)　自分を忘れること

リーダーの最大の関心事は、自分の率いる人たちのことだ。自分のことを忘れて他の人たちが一番重要だと考えてこそ、他の人たちのことを知ることができる。

(4)　人間の行動を研究すること

人の行動の原点は何かを知り、それに対応する方法を知ること――これが人と交流する秘訣だ。人間の行動には非常に得るところが多く、人間の本性を知ることにより、どのような接し方が有効かを探ることができるのだ。

## 5 変化を上手に受け入れて賢く順応せよ！

人は誰でも、一人で立っていられなくなった時には、支えや杖《つえ》を使う。電柱に支え線をつけたり、木に支柱を立てたり、崖《がけ》がくずれないように岩を積んだりするのと同じことだ。

人生の何たるかがわかっている人たちは、他の人からの支持がなければ成功できないことを知っている一方、自分の人生についてはちゃんと自分で責任を持っている。支えや杖の助けを借りつつも、それらがなくなった時どうなるかを、いつも心にかけているものだ。

### 「独り歩き」は早ければ早いほどよい

支え線がさびたり急にきれたりすると、電柱は自分の重みで倒れるだろうし、支柱を取り払われたら、支えられていた枝は折れてしまうだろう。また、岩を取り去ったら、崖は下にくずれ落ちるだろう。

同じように、人間は生まれた時には、ほとんどすべてを他の人々に頼っている。人の世話がなければ、おそらく生きていられないだろう。やがて学校へ行くようになると、教師が指導し、安全な道を教えてくれる。水泳を習うとすれば、指導員が泳ぎを教えてくれるし、危険なことがあれば助けてもくれる。しかし、こういう支えは、成長するに従ってなくなっていくもので、大人になっても独り歩きできなければ、生まれたばかりの赤ん坊と同様に無力なものになってしまう。従って、われわれは支えを取り払っても一人で歩けるように、自立へと自分を導いていく責任があるのだ。これが、成熟の過程だといえよう。

成功するか否かは、自分の責任だ。成功するためには、一人前になって自分自身のために行動しなくてはならない。いつも誰かに頼り、自分のために決断を下してくれるのを待っていてはいけない。

責任を持てる人物には、一夜のうちになれるわけではない。これは長い成長の過程なのだ。成長の過程で、徐々に支えをはずしていき、自分の足で立ち、自分で決断を下し、その結果から学ぶことが大切である。

## あえて冷水に飛び込む気迫が人生の「でき」を決める！

自分の目標に向かって絶えず努力を続けることが、結局は成功につながる。作家アーサー・

モーテルは、次のように述べている。

「十年一日がごとく常に努力している人はわずかしかいない。しかし、一生を通じて努力を続けなければ、一時的な成功を手に入れるにすぎない。本当の健康状態も保てないし、他の人たちとも部分的にしか接触できず、自分の精神的可能性をフルに発揮することもない。

では、どこからはじめるべきか？　まず、一生のうちで、区切ることのできる重要なある時期を選び、この時期を一貫した訓練の期間と決めて自分にこういい聞かせる。『毎日、これだけのことが私はできる、やり通せる、ということを証明してみせる。ある期間にやり通せれば、他の困難にぶつかっても同じように自分を鍛えていくことができる』」

## 真の勇気とはどんな境遇にあっても「頭を高くあげて進む」ことだ

人生の転機が訪れるのをじっと待っているのは無駄なことだ。転機は前もって筋書きに書かれてはいないのだ。自分の力で足を踏み出し、自信と勇気を持って、独立した人間になるのだという決意を固めよう。積極的姿勢、自己鍛練、独立への執念などを通じて、絶えず動機づけを続ければ必ずそうなれるのだ。

ローズ・クック・スモールという女性は、独立と勇気ある行動の価値をよく知っていた。彼女は、一九一二年に生まれ、ニュージャージーの貧しい環境に育った。両親は移民で、六人兄弟の家計を支えるため、幼い頃から学校にも行かずに野菜の行商をしなければならなかった。

十六歳で、ローズは地方の肉市場をやっているハリー・クックと結婚。夫と市場で働くうちに、肉をパックにして売る会社をつくりたいという夢が芽生えてきた。二人の子供を育てながら、手の皮がすりむけて血がにじむまで市場で働くという生活の間にも、その夢は消えなかった。

やがて、二人の仕事は少しずつ大きくなり、二年後には、パックの設備を備えた店を開くまでになった。ところが、三七年、この店は火災に見舞われた。何もかも焼かれてバス代さえもなかったローズは、二〇キロの道のりを歩いて、焼けた店の後始末をしたという。

幸い、銀行が新しい店をはじめる資金を融資してくれるということで、ローズは自分の結婚指輪と婚約指輪を抵当に入れた。こうして手にした資金で、一九四〇年、ブルーバード会社ができたのだった。ブルーバードという名前は、愛と恵みと幸福のシンボルとして、二人で選んだものだ。

一九五〇年に夫が死に、ローズは子供たちの母親としての役割のうえに、父親、一家の稼ぎ手、助言者としての役割を担うことになった。同時に、事業のほうもしだいに大きく拡張していった。何年か経つうちに、彼女は買いつけから、屠殺や肉の切り方にいたるまで、商売のコツを身につけた。この間、息子の一人は医者への道を進み、もう一人が彼女を手伝うようになった。

骨身を削るような数年が過ぎた。この独立心の強い女性は、ブルーバード社を巨大な食肉企業に育てあげた。今では、週五〇〇〇トンの食肉を生産し、年間売り上げは五億ドルを越えている。

## 本当に賢い人は、転ばないようになるために転ぶ

成功にいたる過程の多くは、正しい決断をすることと関係している。この決断が、目標への進歩に影響を与え、同時に自分のまわりの人たちとどううまくやっていくかに影響を与えるのだ。はじめは、体操の選手が練習をするのと同様、実験と失敗を繰り返しながら小さな決断を下すことからはじめる。この小さな決断が重要なのだ。判断力を養ってくれるからだ。

「実験——失敗」の中から何も学ばないとしたら、進歩はなく、より大きな決断を下すことはできないだろう。しかし、やってみて失敗した場合、それを分析する必要がある。なぜ失敗したのか？　ここで、決断を下した時のいろいろなデータを集め、知恵を働かさなければならない。この時に得た知識を、他の決断——より大きな決断——に役立て、さらにそれを分析し、

より重大な決断を下すためのよりどころとする。

このようにしていけば、正しい決断をするための知識が必要な時に、それまでの経験がほとんど自動的に役立つようになる。より簡単に、しかも確実に正しい決断が下せるようになるのである。

自分の決断がどういう結果になるかを認識することは、非常に重要なことだ。そうすることによって、われわれは独立した人間になる力を得ることができるし、よい決断を下すことができるようになるからだ。

自分の決断は、他人によい効果をもたらしただろうか？　自分に役立っただろうか？　この二つの基準に当てはまらなければ、その決断は間違っていたのである。どこが悪かったかを知らなければならない。それがわかれば、将来同じ間違いを繰り返さずにすむ。正しい決断をした場合は、その決断をするにいたったわけをよく覚えておくとよい。なぜそうしたか、そのことを記憶にとどめておけば、後で役立つことがあるに違いない。

よい決断を下した時は、なぜそうしたかを肝に銘じておくこと。それを将来の指針にすることができた時に、はじめて自分の知恵となるのだ。

はじめからよい決断を下せる人はいない。スケートがうまくなるには練習が必要なように、この場合も絶えず練習することが大切だ。練習は進歩の基本になるものだ。どうすれば転ばなくてすむか？　8の字を描くにはどうすればよいか？　スピンはどうするのか？　スケートでは、転ばないようになるために転ぶことが必要だ。決断についても、失敗の経験がよい決断を下すのに役立つことが多いといえよう。

## 「孤立」ではなく、「独立」した人間をめざせ

われわれは、よく独立とか自立について語るが、自分が独立した人間であればあるほど、いかに他の人々や働いている会社とかかわり合っているかということを認めざるを得なくなるものだ。つまり、独立ということは、孤立ではない。独立とは、自分で正しく行動できる力をのばしていくことだ。

独立とは、他人の意見に頼らずに自己評価できるということでもある。行動する前に、他人の承認を求めるようでは、独立しているとはいえない。自分を評価する、自分なりの基準を持つべきだ。何かを決める時に、人に頼ってはいけない。他人に寛容で、人の意見から学び、よい忠言を受け入れるということは、人気投票に従ったり、流行に飛びついたり、仲間の意見に無条件で同調したりすることとは全く違うのだ。

それは、人の意見や忠告を退けよという意味ではない。有益な情報や示唆を与えてくれる本

を読むなということでも、ためになる話が聞ける会に出るなということでもない。あらゆるところから知恵や知識を吸収し、いざ行動という段になったら、自分が行動を起こし、自分が決断を下し、自分がその結果を受け入れる。これが独立ということだ。つまり、独立とは自分に責任を持つことである。自分が決めたことに関してほめられるのも責められるのも、他の誰でもない自分だということだ。

最後に、独立には変化を受け入れて順応する能力が必要だということをつけ加えたい。世の中は、刻々と変化している。昨日よかったことが、今日もよいとは限らない。決断を下す時に他人に頼ってはいけないのと同様に、過去に頼ってもいけない。時代と調和しないことには、時間も金もかけるべきではない。常に先をみて、よい判断を下そう。

## 6 これが〝つぶしと応用がきく〟頭の訓練法！

アメリカで有数の実業家、ハーベイ・ファイアストーンはこういっている。

「事業をするのに、資本はそれほど重要ではない。経験も重要ではない。どちらも手に入れようと思えば手に入る。重要なのはアイディアだ。アイディアがあれば、それは最も価値ある財産を持っていることになり、事業にも人生にもどれだけ多くのものをもたらすか測りしれない。アイディア――これこそ万人の最高の財産である」

まさに、その通りだと思う。事業を支えるのに資本が必要だとしても、会社が活発で精力的であり、創造性に富み、責任を重んじるということを金融業者にわからせることができれば、融資を受けられるだろう。経験がないという場合には、経営コンサルタントが、生産のことであれ、市場のことであれ、経済のことであれ、必要なことを何でも教えてくれる。しかし、事業や製品、売るもの等についてアイディアが必要な時には、自分でアイディアを生み出さなければならない。

ジョージ・バラスにこうしたアイディアがひらめいたのは、洗車している最中のことだった。車の中から、ブラシの歯が車を取り巻いて洗うのをみているうちに、彼はぼんやりと家のことを考えていた。四つんばいになって芝を刈るという、あの面倒な仕事を終わらせたいものだと。

その時、あるアイディアがひらめいたのだ。

「私は、木や石のまわりの草を刈る方法はないかと考えていたが、ふとあるアイディアを思いついた。洗車のブラシは高速で回転する時、まっすぐにのびてくる――とても弾力に富んでいて、どんな隅にも溝にも届くのをみていたからだ」

家に帰ると、バラスはポップコーンの缶にたくさん穴をあけて、そこにヒモを通した。それから、エッジャー（訳注　芝生や花壇等の縁をきれいに整える回転刃のついた園芸用機器）の刃を取り除いてそこにこの缶を取りつけた。バラスは、この発明が芝生を傷め、騒々しい音を立てたと回想している。「しかし、私がしてもらいたいと思ったことはやってくれた」

バラスははじめ、この除草機を自分で使うつもりだった。庭師を雇う余裕もなかったし、そんな仕事を引き受けてくれる者などいなかったからだ。「私の家は入江のそばだった。毒ヘビがひそんでいるかもしれないのに、誰が四つんばいになって石のまわりの草など刈りたがるだろう？」

これを売り出そうと決心した時、反応はひどいものだった。近くの二〇軒の小売業者からはこきおろされた。「ナイロンの糸で草を刈るだって？　頭がおかしいんじゃないか！」

そこで、一九七一年にバラスは最初の三〇ポンド除草機に金をつぎ込んだ。息子の撮った自家製のコマーシャルフィルムを、一万二〇〇〇ドルで買ったローカルテレビのCM時間帯に流したのである。突然、電話の洪水に見舞われた。「町じゅうが、申し合わせたのではないかと思った。そこらじゅうからいっせいに電話が殺到した」

はじめは改善すべき点も多かったが、除草機会社はほんの数年で、何百万ドルもの国際的企業に成長した。そしてこれがみんな、洗車中にひらめいたアイディアから出たことなのだ。

## 「その気」になればアイディアに事欠くことはない！

生計を得るためには、自分の時間の大半を使わなければならないのだから、どういう仕事を選ぶかは慎重に考えなければならないが、あまりにも無頓着である場合が多い。生計を立てるということが、人生の大部分を占めることを知っていれば、仕事の選択は重大なことになるはずだ。

たとえば、こんな例を私は山ほどみている。どんな状況にも順応できると思って、セールスマンになりたがる人が多い。ところが、一年のうちの三分の一も、家庭から離れた地方を出張してまわらなければならないことがわかると、仕事への情熱はすっかり失われてしまう。こうした場合、他の仕事を探すのは、早ければ早いほどよい。やる気が出ない仕事から、いいアイディアは生まれない。独創性もしぼんでくる。その代わりに、否定的な考え方が強力に頭をもたげてくる。

自分がその気になれない仕事は失望と欲求不満のもとだという確信を、私は年を追うごとに強めている。そういう状況で鬱々《うつうつ》と仕事をしているのなら、今すぐそのことを認識し、仕事を辞めて楽しくできることをみつけるべきだ。

挑戦を求め、解決すべき問題を求め、自分のアイディアや問題解決の能力が生かされる場を求めること。行動の場を求めること――行動こそ、家族とも友ともなるものだ。

パッチワークの趣味を事業にまで発展させたジーン・スティムソンは、楽しめる仕事を見出した一人だ。二、三年前まで、彼女は子供を育てるかたわら暇をみてはキルティングをはじめ、財布、ポットカバー、眼鏡ケースといったものをデザインしてつくっていた。そのうちに、クラフトショップやパッチワーク講習会などで、作品が売れるようになった。次に、中西部全体のクラフトフェアに出品、ジーンは「パッチワーク・レディ」として有名になり、これが彼女の製品の商標になっている。今では有名デパートにも製品を置くようになった。

## 会社の「財産」と呼ばれる人の資質とは

ここで、事業に成功するために不可欠な、目にみえない財産について述べよう。これは、残念ながら、会社の決算報告にはあらわれてこない。しかし、金銭的財産をはるかに上まわるものだ。

たとえば、情熱。情熱ではちきれそうな会社があるが、その情熱はそこで働く一人ひとりから発散されるものだ。こういう会社は、社員に仕事の機会と報酬をもってあたり、社員のほうでは、自分の興味を広げて前進するチャンスをみつける。

　最も重要な財産は「人」だ。社員の質が向上すればするほど、会社も向上する。社員の、目標を定めて前進しようという決意、協調性、積極的姿勢、誠実さ、指示を待たずに進んで行動する態度等がその最も顕著な例だろう。

　ミルウォーキー・マーカス・コーポレーションの社長ベン・マーカスは、田舎町のたった一つの映画館から身を起こした男だが、今では八三の映画館に加えて、ホテル、モーテル、レストラン等を持ち、その収益金は年間八〇〇〇万ドルにものぼっている。マーカスは、事業についてこう述べている。

「一番肝腎なのは人間、事業を動かしているすべての人間だ。これは責任者だけではなく、末端で働く人たちにも当てはまることである。よい仕事をしてもらうためには、適材適所を考えなければならない。われわれにとって、劇場の案内係や、ロビーの掃除夫や、ホテルの部屋を整理する女の子は、支配人と同じく大切なのだ。こういう人たちがちゃんと仕事をしなければ、会社の評判はいっぺんに落ちる。われわれが学ばなければならないのは、いかにして彼らに仕事に対する責任を持たせるかだ。人材を、その事業を喜んでやってくれる人材を育てなくてはならない」

ある会社が提供している製品やサービスは、どれも過去に時間をかけて考えられてきたものである。たとえば、タイプライターは、いきなりある会社が発明してできあがったものではない。一人がタイプライターの原理を考えつく。他の者がそれを完成する。それから長い時間をかけて、いろいろな人が改良を重ねてきたものだ。

クリーニングというサービス業も、ひとりでに今の形ができたわけではない。最初にアイディアがあり、それを具体化して、さらに、それに改良が加えられたのである。二つの例はどちらも——一つは製品で一つはサービスであるが——人々の知恵を集めたものだ。こうして集めた知恵のおかげで、お客に喜ばれる製品やサービスが生まれたのだ。そして同時に、会社にもチャンスと利益が生まれたのだ。

ほとんど何でも人に教えることはできるが、考えることだけは教えることができない。自分の力で考えなければならないのだ。だから、自分のためばかりでなく、会社のために考えることができる人、これこそ最も価値のある財産だといえよう。

## 一人前のプロの頭の構造、心の持ち方はここが決定的に違う！

会社にとって本当の負債とは何かを考える際には、財産と反対のことを考えてみるとよい。

情熱の欠如、想像力も新しいアイディアもない社員たち、固い意志も誠実さもない社員たち。さらに、嫉妬心、告げ口、かけひき、自分が抜きん出るための不正等々。

こういった負債をコントロールすることのできない企業は要注意だ。早晩、破産することになるだろう。こういう会社では、前進したいという目的を持った人間は、チャンスを得ることができない。

チャンスは自分でつくるものである。それには、どうすればよいのか？　自分が、人からほしがられるような人間になればよい。

会社は、その会社を信じ、その製品やサービスを信じ、一緒に働く仲間を信じる人物をほっしている。決められた時間だけそこにいればいいと思っている人物ではなく、何時間かかろうと、仕事を仕上げるのに必要な時間だけ働く人物を求めている。仕事についてできるだけ多くを学ぶこと、学んでプロになることをも求めているわけだ。このためには、専門誌を読んだり、セミナーや研究会に出席するといった、仕事以外の勉強も必要になってくるかもしれない。つまり、職業人として常に最高の状態に自分を保つことが要求されるのである。

また、会社はある程度独立した人物を求めている。つまり、常に指示や助言がなければ何もできない人物ではなく、自分の意志で行動できる人物である。こういう人物は、自信に満ち、献身的であるはずだ。

なかでも、最も求められるのは、行動に根ざした考え方をする、信頼できる努力家であろう。最近では、決まった時間だけ勤めて給料をもらうことにしか興味を持たない人たちが非常に多くなっている。こういうタイプの人たちは、会社の負債であり、社内に摩擦やトラブルを引き起こす。会社に純益があがらなければ会社は存在し得ないのだということを社員一人ひとりが認識しなければ、いつまで経っても生産性の向上は望めない。

従って、社員は正直に誠実に仕事に励むべきだ。負債が財産を上まわれば、会社は倒産したり人手に渡ったりする。しかし、前に述べたような目にみえない負債は、目にみえない財産をしのがなくても、会社はすぐにトラブルに巻き込まれる。だからこそ、よい経営者は常に財産を強化する方法を探し求めるのであり、財産となる能力を持った人材を求めるのだ。自分にその能力があれば、自分でチャンスをつくっていくことになる。

要するに、自分が向上心と目的を持ち、目標に達するために行動と努力を惜しまないなら、したいと思う仕事で成功することができるのだ。

## 「機械アタマ・指示待ち根性」では先は絶対開けない！

事業に携わっている多くの人たちは、自分で事業をはじめたいと望んでいる。文字通り毎年何千という小さな事業が、成功と利益を望む人たちの手ではじめられているのである。

自分がその一人だと仮定しよう。どんな人物を求めるだろう。自分の財産を誰に預けるだろう？　九時から五時まで働けばいいと思っている人か？　不誠実そうな人か？　仕事に情熱を持たない人か？　指図しなければ何もできない人か？　目標を持たない消極的な人か？　問題が起こった時にそれに立ち向かえない人か？　自信も誇りもない人か？　生産的であることをバカにする人か？

当然、こういう志願者には用がないはずだ。もっと進歩したいと思う人物、もっとよい方法はないかと考えるような人物、信用のできる正直で忠実な人物、自分から進んで行動する人物、そういう人物を探すためには時間を惜しまないに違いない。

自分が面接を受ける場合、相手はこのような人物を求めているのである。自分のことを厳しくみつめてみよう。人に望まれるような能力を、自分は備えているだろうか？　自分が事業を起こした場合、自分のような人物を雇うだろうか？

もしそうでなかったら、計画を変えるのに遅過ぎるということはない。目標を練りなおし、第一にこういった点を身につけるべきだろう。

5章

# 自分に「勝ちぐせ」をつける一番効果的な思考法

仕事がおもしろい「振り」をすると、それだけで仕事が本当におもしろくなるから不思議だ。疲れをあまり感じなくなるし、緊張も解け、心配も和らぐ。

# 1 自分の人生に「勝ちぐせ」をつける秘訣

心理学者であり哲学者でもあるウィリアム・ジェイムズは、人間はその姿勢によって人生を変えることができることを発見し、これを「改革」と名づけた。

人生に目標を持ち、それを成就するべく正しい姿勢で歩いている人物を、誰もとめることはできない。自分の人生への姿勢を正しくすることで、能力はフルに発揮され、そこから最大限のものを得ることができる。

目標が会社の仕事上のものである場合も、個人的目標の場合と同様に、自分の姿勢が重要な役割を果たす。

そのポストにふさわしい立派な学歴があり、条件的にみれば誰も失敗するなどとは予想もしない人物を、私は大勢知っている。誰からも、職場のスターになるに違いないと思われていたのに、そうはならなかった。スターどころか、地面から離れることさえできなかった。

一方では、ほとんど学歴がないのに、どんどん昇格し、一段のぼるごとに考えられないほどの知識を身につけていった人たちもいる。

この差をつけるのは積極的な姿勢である。何という大きな差だろうか？　成功と失敗。成長と萎縮。積極的な姿勢を持てば心が開き、チャンスを求めて成長し、自分の殻から脱け出して他の人の心にもふれることができる。上役、部下、同僚との人間関係を改善することもできる。その建設的な雰囲気は、巨大企業であれ、小さな集団であれ、あらゆる組織をつくりあげ拡大するのだ。

そのよい例が、スポーツにあらわれている。最も強力で、足も速く、才能に恵まれた選手でも、消極的になったら試合に勝つことはできない。しかし、積極的な姿勢があれば、コーチから多くを学び、チームのメンバーとも協力関係をつくることができる。チーム全体を奮い立たせることができるし、その力は試合をみる人にまでおよぶのである。

## キズだらけの原石も磨き方一つで強く明るい光を出す

目標を達成する場合の姿勢の役割を軽くみてはいけない。積極的な姿勢のない目標は、目標といえない。目標に達する手段がないのだから、それに向かうこと自体、無意味なのである。ストレスや難問を克服する手だてもないし、一時的な失敗に立ち向かう術《すべ》も、もう一度挑戦する術もない。積極的な姿勢は、努力すべき方向を指し示すだけでなく、その方向に進んでいくための力を補給する発電所なのだ。

「できるかどうかわかりません」ではなく、「やります」「できます」と答えるのが積極的な姿勢のあらわれだ。そして、失敗した場合には、退いて何度でもやりなおす。必要なら別の道を通ってでも目標に到達しようとする。この場合に一歩退くのは、消極的な態度ではなく、失敗が提供してくれる教訓を検討する再評価の機会なのだ。

どこをみても、欠点を探せば必ずみつかるものだ。しかし、欠点からは何も生まれない。宝石職人は石のキズを磨いて、なめらかなカット面がまばゆいばかりの光を放つダイヤモンドに仕上げる。はじめはキズだらけの石だが、職人の目標はそれを輝くダイヤモンドにすることだ。積極的な姿勢で、自分にはその目標を達成する能力があると信じている。その目標が、その姿勢が、その自信がなければ、彼の前にはザラザラしたただの石ころがあるにすぎない。

あるインディアンの彫刻家は、どうしてそれほどインディアンそっくりの像が彫れるのかと聞かれたところ、「インディアンらしくないところを全部切り落とすんですよ」と答えた。この説明も、宝石職人の場合と全く同じことを意味しているわけである。目標を達成したいなら、積極的な姿勢と信念が必要だということである。

ナポレオン・ヒルとクレメント・W・ストーンは、そのベストセラー『積極的心構えがあなたの人生を変える』の中で、二つの重要な点を指摘している。①手本にならって、自分を動機づける。②幸福は自分の力で引き寄せることができる。これらは、二つとも積極的な姿勢による積極的なものの見方の産物である。

私がノース・カロライナのカナポリスに住んでいた少年の頃、ある議員から、こんな話を聞いたことがある。

「われわれには、環境を改善し、よりよいことを成し遂げようという目的を自分にも人にも持たせ、よりよい従業員に、雇い主に、配偶者に、親になるチャンスが与えられているし、姿勢を変えることによってそれができるのだ」

## 2 「古い頭」を「柔軟な頭」に切り換える秘訣

ＩＱは、頭の働きの限界を示すものだと受け取られがちだ。たとえば、ＩＱが高ければ頭がよく、低ければあまり期待できないというふうに。

しかし、これは誤りだ。ＩＱの程度は、問題を解決したり何かを成し遂げたりする時の能力とは全く無関係なのである。積極的な姿勢こそが、頭を鍛え、能力をのばしていくのだ。それには、訓練ということも必要になってくる。

## 頭は働かせていなければどんどんさびつく!

体の弱い人がスポーツ選手になった、という例をよく耳にする。これは、絶え間ない、意識的な筋肉の訓練を通して、はじめてできることだ。子供の頃足が悪かったが、プロフットボールチーム、バッファロー・ビルズの名ランニングバックとして数多くの記録をつくった選手もいる。

頭も筋肉と同じだ。体と同じように訓練すれば、能力がしだいに増してくるものだ。健康な人でも、練習せずに一マイル(一・六キロメートル)を六、七分で走るのは無理だろう。九分でも無理かもしれない。だが毎日続けて走っていれば、筋肉も体力も鍛えられて、しだいに目標に近づいていくだろう。

頭についても、全く同じことがいえる。行動しながら絶えず頭を使って訓練すれば、ふつうでは考えられないような能力が生まれてくる。

運動選手はどのようにして進歩していくのだろうか? 必ず勝ってみせる、というのが選手たちの考え方だ。一流選手になりたいと思い、そうなった自分を心に描いている。その目標に達するために、しなければならないことを段階的に実行していく。

この例をよくあらわしているのが、アメリカで第一級の高跳び選手、フランクリン・ヤコブズだろう。彼は身長が一七〇センチしかないのだが、こう語っている。「よく同じ基本的な質問をされます。一七〇センチの男が、いったいどうして、頭より六〇センチも高いバーをクリアできるのか、とね。正直いって、私は自分が背が低いなんて考えたことはないんですよ。私にとって、身長は相対的なものにすぎません。バーに向かっていく時は、一九五センチくらいのつもりです」

頭の場合も同じだ。ある対象に行きつくためには、特定の段階がある。まず何をすべきか？次は何か？　どのようにするべきか？　よく考えてから、頭を使ってそれを実行に移していく。こうして、われわれは成長していくのだ。

頭はいつも使っていなければ、いざという時に役に立ってはくれない。

## これが頭の回転を鋭くする八つの大基本！

ビジネスで一番問題になるのは、金銭的なことではなくアイディア不足だと思う。ところが、独創的な方法を生み出して困難を克服しなければならない時に、ただ金策に終始する人がどんなに多いことか。

個人の場合でも同じだ。頭の回転をよくすることが、ものごとを自分に有利な方向へ導くための第一段階なのである。そのためには、次の八つのステップを踏む必要がある。

① 自分なら必ず「できる」と強く信じること

信じれば、それだけ頭の働きも活発になり、方策をみつけやすくなる。

自分を決して安売りしないこと！　自分の問題は、自分で解決できると信じること。人に好かれる方法があるに違いないと信じること。家や車を買う方法もあると信じること。成功できると信じること。そうすれば、人間の持つ最大の力——知恵——を発揮することができる。

② 大きなスケールで自分の将来を考えること

ほしいものを手に入れるには、まず会社のためを考えなければならない。そうすれば、会社が、あなたのほしいものを与えてくれる。

数年前のこと、何人かの線路工夫が枕木に犬釘を打つ作業をしていると、列車がきて一人の紳士が降り、作業員の一人に声をかけた。列車が去った後で、仲間の作業員がたずねた。「ウソみたいな話じゃないか。鉄道会社の社長がわざわざ汽車をとめてお前に声をかけるとはな。あんな偉い人と、どうして知り合ったんだい？」「そうさな」とその作業員はいった。「あの人と俺は、同じ日に、今俺がやってるのと同じ仕事をはじめたのよ。三〇年も前のことだが」

「二人とも、同じ仕事をやってたのか！　じゃあ、どうしてあの人が社長になって、お前はまだ線路工夫なんだ？」

彼は答えた。「俺は、一時間五〇セントのために働いてた。でも、あの人は会社のために働いたんだよ」

実業界では、人は容姿や学歴や家柄で評価されるのではない。考え方のスケールの大きさで評価されるのだ。どれだけ広くものを考えることができるかによって、業績のスケールが決まるのだ。

## ③　まず〝常識的な線〟で考えてみること

問題を解決しようと、一生懸命になり過ぎることがよくある。よほどむずかしいことをしなければ解決できないように思い込んでいる場合も多い。まず、単純で当たりまえのことを考えてみよう。

## ④　否定的な考え方を一切やめること

考え方はコントロールできるもので、自分が心からそうしたいと思えば、自分の意志で考え方をコントロールできる。否定的な考え方はやめて、肯定的な考え方に変えること。否定的な考え方というのは、肯定的なものに変えるためにのみあると思えばよい。

偉大なゴルファー、トム・ワトソンは、否定的な考え方が、人にどんな影響を与えるかについて、こう語っている。

「否定的な考え方をしている時には、自分がしてはいけないことを考えてしまうものだ。たとえば私の場合、ボールを打ち込んではいけない場所のことを考える。そして、それを考えれば考えるほど、そのいけない場所にボールを飛ばしてしまうのである」

## ⑤ 問題を認識・反芻《はんすう》するための時間を必ず持つこと

自分の問題をはっきりと認識する余裕がないばかりに、失敗してしまうことが多いものだ。そういう時こそ、一歩退いて、状況を眺めてみよう。落着いて考え、気持ちをほぐし、場合によっては気分を変えてから、また問題に当たればよい。

人によって、気分の落着く特定の時間というものがあるものだ。自分の都合のよい時間を使えばよい。問題を解決するのはその時まで待ち、ゆったりした気持ちで考えれば、よい解決法が必ずみつかるものだ。

⑥　常に「心眼」を開いていること

ある夏、浜で昼寝をしていた時、そばをあわただしく走っていく人たちに驚いて飛び起きたことがあった。何事かと立ちあがってみると、救助隊員が溺れている少女を助けに向かうところだった。救助隊員は、いつみても眠っているようだったので、いざという時これで間に合うだろうかと、私は以前から思っていた。

そこで、私は救助隊員にたずねてみた。まわりが騒々しいのに、どうやって助けを求める声を聞き分けるのかと。

「いつも耳をとがらせているんですよ」と彼は答えた。「そういう心がまえでいれば、いつだって他の物音の中から助けを求める声を聞き分けることができるのです」

心の問題なのだ。

しようと思うことに気持ちを集中すること。気が散って、コースからはずれないように注意すべきだ。

⑦　どうにもならない失敗やあやまちにいつまでも足を取られないこと

あやまちをいつまで考えていても、起きたことは変わらない。かえってあやまった方向へ向かい、時間を無駄にすることになる。

失敗やあやまちや苦闘は、経験の一部ではある。しかし、そこから学ぶべきものを学んだら、忘れてしまうべきだ。今日を生き、明日に希望を持とう。無駄なものを背負い込んで、力をそがれてはいけない。

⑧ 常に新しいもの、新しいアイディアに心を開いておくこと

決まりきった仕事の繰り返しでは、自主性は発揮できない。将来への道をふさぎ、仕事をいっそうつらいものにするだけだ。新しいアイディアを受け入れよう。進んで、新しいもの、新しい友人、新しい土地、新しい本、新しい選択に身をまかせよう。そうすれば、冒険を楽しむことができるし、新しい考えを生み出す能力ものびてくる。

在庫品を整理するために一〇セントセールをしようと、あるセールスマンが社長を説きふせたのは、その一例だ。この試みが非常にうまくいったので、そのセールスマンは、五セントと一〇セントの品物だけを売る店をはじめることにした。社長は出資してくれただろうか？　いや、そのアイディアは危険過ぎた。五セントや一〇セントで売れる品物は数が限られていた。

しかし、後に社長はこういわざるを得なかった。

「私が彼のアイディアを拒絶するために使った〝NO〟の一言によって、会社は百万ドルもの損をした計算になる」

## インプットもアウトプットも必ず「肯定形」でしろ

頭脳は、コンピューターに似ている。何を覚えさせても文句をいわない。何でも受け入れる。問題の解決や行動の方向を決める場合に、そうして受け入れたものを使うのだ。否定的な考え方を頭に入れておいた場合には、まさに入れておいたもの、つまり否定的なアドバイスしか出てこない。逆に肯定的な、積極的な考えを入れておけば、積極的なものが出てくるわけだ。

頭は周囲の条件に対して非常に敏感なので、精神的な理由で病気でもないのに入院しなければならなくなったり、心臓に異常はないのに心臓発作が起こったりする。それだけにまた、きちんと管理すれば、充分に応えてくれるのである。

事業に関する調査報告を取り扱うアメリカ屈指のプレンティス・ホール社は、『税法便覧』を発行している。これはサービスとしてはじめたことではなく、一冊の本として出版されるはずのものであった。

ところが、印刷から製本にかかったその日に、政府が新しい法令を可決して、その本は役に立たなくなってしまった。まだ発売もされないうちに、本の内容が時代遅れになってしまう。これが、どれほどの損になるか考えてみよう。誰もほしがらない本、誰にとっても何の役にも立たない本。それとも、何か使い道があるだろうか？　ここで、ある積極的な頭の持ち主が、いろいろと考えた末、よい解決法をみつけた。製本されたものをバラバラにして片側に穴をあけ、リングバインダーでとじ、法令が変わるたびにその部分だけ差しかえがきくようにした。本をつくることはあきらめて、いつでも最新の税法を提供するというサービスを売ることにしたのだ。この解決法は、非常な成功をおさめた。

個人レベルでも同じことがいえる。私の友人にボブ・ギリーという男がいる。彼もガンにおかされた一人で、それがわかってからは鬱々と日を過ごし、否定的な考えに取りつかれ、抵抗しようという気持ちはほとんど失っていた。しかし「死の宣告」が下されると、彼は奮い立った。生きたい、と思ったのだ。彼に情熱が湧いてきた。「私がいつ死ぬか知っているのは、神と私自身だけだ。それ以外の人たちに、私の死の予想をさせたりはすまい。いつ死ぬかは、私が神の意志と共に決めることだ」

彼は自分の頭脳コンピューターに積極的な考えを打ち込んだ。「私は生きる。困難を克服する」と。それまでは、ガンが消えてしまえばいいのにといって腹を立てたり、呪ったりしていたが、積極的なスローガンを寝室のドアや洗面所の鏡に貼りつけた。ガンによいといわれる食事療法を取り入れた。そして必ず病気に勝って生きるのだと、固く心に信じたのである。

今日、ボブ・ギリーは保険会社の重役として、また、講演家として活躍している。そして、自分の時間の多くを、奉仕活動に費やしている。それというのも、自分の姿勢によって敗者から勝者になることができ、逆境を克服することができたからに他ならない。彼の姿勢が頭脳に作用し、医者の宣告した「死」から彼を救ったのである。

## 頭の回転は「目的意識の強さ」に完全比例する！

患者がふつうの治療を要しない想像上の病気に取りつかれている場合、医者は気休めの薬を与える。患者が効くと思い込むだけで、実は何にも効き目のない糖衣錠であることが多い。そして、患者はこの薬を飲んだおかげで治ってしまう。

こうした気休めは、人間の精神状態を研究しながら行なわれてきたもので、その効果は驚くべきものだ。実際に錠剤を飲ませるわけではないが、たとえば生徒たちが実際にはかなり成績が悪かったにもかかわらず、その教師は、彼らがすばらしく高いＩＱの持ち主だと思い込んだ例がある。教師は、生徒を非常に頭のよい子だと思ってそのように扱い、教師自身が生徒に対して情熱的になった。そして、生徒はそれにちゃんと反応し、熱心に勉強して、よい成績を取るようになった。

誰かが自分を頭のよい、能力のある生徒だと思ってくれる。それだけのことで、こういう変化が生まれたのだ。やらせればできるのだと信じた教師の積極的な指導に、生徒たちはきちんと応えたのである。生徒たちの名前の後には、こう書き込んであった——一二五、一三〇、一三八、一四〇、一六五。これは天才的IQだ。教師はそう思って彼らに接したのだったが、その学年の終わりに、教師はその数字が、彼らのロッカーの番号にすぎないことをはじめて知ったのだった。

このように、自分自身に対しても他人に対しても、目的に向かわせるために上手に頭を使うことができるはずだ。人間の頭はコンピューターに似てはいるが、このような人間洞察に基づいた働きは、コンピューターにはできない貴重な働きだといえるだろう。

## 3 「未知なるもの」を恐れるな、出会いを喜べ！

探検といえば、すぐに頭に浮かぶのはコロンブスだ。誰も行ったことのない大西洋の果てに向けて船出した彼の冒険の推進力となったのは、すばらしい勇気と、そこに何があるか知りたいという情熱だった。そしてその結果、一人の英雄が生まれたのである。

現代の探検といえば、想像を絶する高速で大空へ飛び出し、未知の空間に挑む宇宙飛行であろう。ここにも、勇気と情熱が息づいている。こうして、現代にも英雄が生まれているのだ。

コロンブスにも宇宙飛行士にも、共通のもの――「未知なるものに挑む力」がある。未踏の地を探検したいという欲望から、そこで自分が破滅することはあり得ないという信念、必ず目的地に到達してみせるという信念が生まれ、自分の探検を支えてくれた人々、探検に必要な船や航行のための設備をととのえてくれた人々への信頼も生まれたのである。

われわれも、コロンブスや宇宙飛行士と似ていなくはない。生まれたばかりの赤ん坊は、先に何があるか全く知らない。食物や着物を与えて守ってくれる親を盲目的に信頼するしかない。成長するにつれて、自分が信念を持って独り立ちできるように導いてくれる、親や教師への信頼を認識するようになる。

それでも、われわれは日々、何か新しいこと、一〇〇パーセントの予想ができない未知のものに直面する。

つまり、われわれは刻々と、未知なるものと出会っているのだ。確かに、太陽は明日も昇るし、次の日もまた次の日も昇ることを知っている。日が暮れると夜になり、冬の後には春がくることも知っている。

しかし、太陽系の外側については、確かなことはほとんどわかっていない。天気予報というものはあっても、実際の天気がどうなるかはその日になってみなければわからないし、春がくるとはわかっても、それがどんな春なのか、その時までわからない。雨が多いか、寒いか、早く訪れるかどうか？　台風がいつくるか、地震がいつ起こるか、どんな損害をこうむるのか、誰にもわからないのだ。

## 「型」にはまったら進歩はなくなる！

未知なるものは一種の挑戦である。自分を表現したり、人を助けたり、目標に到達したり、頭の訓練をしたり、才能を発揮したりするチャンスを与えてくれる。

過去の歴史を学ぶのは楽しいものだが、もし未来に何が起こるかもわかっているとしたら、挑戦などというものはほとんどなくなってしまうだろう。毎日毎日わかりきったことの繰り返しでは、成長したり発展したりするチャンスもなく、さぞ退屈なことだろう。問題を解決しようという気もなくなるし、新しい発明、新しい考え方や表現法を生み出そうとも思わなくなってしまう。

未知への鍵は、変化だ。全世界は、自然界と人間社会をふくめて、常に休みない状態にある。人間の考え方は刻々と変わっていくし、そこに起こる問題も、何が重大かということも、常に変化している。変化こそ、冒険精神の真髄だといえる。人生に常なるものは（そして確実なるものは）変化だけである、とはよくいったものだ。われわれは変化に頼り、期待し、それを見守っていくのだ。

たとえば、赤ん坊がいつまでも赤ん坊のままだったらどうだろう？　あるいは、木がいつまでも苗のままで、美しい森にならなかったらどうだろう？　われわれに起こってくる問題がいつも同じだったら？　手にあまるようなことが全くないとしたら、どんなに退屈なことだろう。冒険精神も、人に力を貸したり、自分自身を励まして向上したりするチャンスも、そこには決して芽生えないだろう。

変化がなければ、目標は無意味になり、努力は無駄になり、進歩はあり得ないことになる。進んで探検しよう。そうすれば、独創性が培《つちか》われていく。探検は、事業や職業のうえでだけ必要なのではなく、個人的にも大切なものだ。型にはまるのはやさしいが、それは終わりを意味している。個人的にも社会的にも、型にはまると行動の必要がなくなり、成長のチャンスも、情熱を燃やすことも、冒険も、人の役に立つこともなくなってしまう。人生を有意義にするためには、行動することが不可欠である。

## 危険を計算し、前途に「脈絡」をつけろ

目標を立てるということは、現時点では存在しない対象を考えるということである。さもな

ければ、それは新しい目標とはいえない。目標に達するには、その目標や到達する条件などによって、一定の時間がかかるものだ。従って、目標に達するとは、現在の状態から目標とする未来の状態へと変化していくことであるといえる。未来は未知なるものであるから、未知のものがチャンスに、そして挑戦になるのだ。

このように、すべての目標は、未知という何事かが起こりつつある領域に組み込まれているわけであり、未知なるものに全力で挑戦できるように、常に自分自身を向上させておかなければならない。自分の能力に自信を持てるようになれば、これは必ず実行できるものだ。

人生は危険そのものだともいえる。一瞬先には何が起こるかわからないが、それに対処できるようにしておかなければならない。不確実性の伴う人生に立ち向かうか、何もせずに現在の自分のまま死んでいくか、それは自分自身の選択にまかされている。さいわい、ほとんどの人は生きることを——危険のある道を選ぶのだ。それは、自分には人生の変化に順応する能力があり、目標に達するよう努力できると信じているからだろう。

ここでいう危険とは、注意を払わず常識を破り、正しい判断や道義をかなぐり捨てるということではない。計画と準備に基づいた、計算された危険のことである。

まず事実をはっきりさせ、信頼できると思う人から忠告や助言を得、明らかな危険をおかすのは最小限度にとどめよう。計算された危険という意味は、ここで自分の取るべき道を充分に検討するということだ。額に汗して得た財産を何の調査もせずに投資するとしたら、自分からトラブルを求めているようなものだ。危険を最小限にするために、まず調査するのが賢いやり方といえよう。

また、充分に予測し分析した危険に対しても、相当な努力が必要だ。努力のないところに実りはない。努力が何かを起こし、日々の問題や、もっと大きな問題をも克服するもとになるのだから。

## これが将来に「楽しみ」を持つ人の生き方だ！

われわれが挑戦する未来というものについて、こんなことがいえるのではないだろうか。人間はよりよいものを望むし、ほとんどの人間はものごとはよくなっていくものだと信じている。

過去や現在がひどいものであっても、それでも未来はよくなると信じている。人生に失望している人でも、未来に関して何らかの楽観的な希望を持っているものだ。しかし、ものごとがよいほうへ向かうという信念は、自分自身をよく観測したうえのことでなければならない。人生が改善されるとしたら、そのために行動しなければならないのは、自分自身なのだから。

第二次大戦直後の暗い時代に、英国王ジョージ六世が国民に語った次の言葉は、このことを実によく物語っている。

私は、歳月の門に立っている男にいった。

「未知の世界に無事足を踏み入れることができるように、私に明かりを下さい」

男は答えた。

「暗闇の中を歩くがよい、手を神の手に委《ゆだ》ねて。そのほうが明かりよりも確かであり、知っている道を行くより安全だ」

## 4 自分を勇気づける力・奮起させる力

パウロが「コリント人への第一の手紙」第十三章で語っている愛についての言葉のすばらしさについては異論のないところだろう。

この章の終わりには次のように書かれている。

「このように、いつまでも存続するものは、信仰と希望と愛と、この三つである。このうちで最も大いなるものは、愛である」

この項では、愛の力について述べる。この項を読めば、いかにわれわれが愛の力を把握していないか、それを使っていないかに気づくことだろう。

カントリー歌手のジョニー・キャッシュは、この愛の力を知っていた。彼は、一〇年にもわたる悪夢のような麻薬の常用から脱け出せたのは、愛のおかげだったと告白している。

キャッシュは、コンサート・ツアーの疲れと孤独をいやすために覚醒剤を使いはじめたのだった。はじめは時々使うだけだったのが、やがて中毒になった。結婚生活にも破れ、コンサートをすっぽかしてバーに入りびたり、酒と薬に溺れる日が多くなった。

こんなキャッシュの転落に突然ストップをかけたのは、ジョージア州ラファイエットでの一晩の拘置だった。拘置所職員のラルフ・ジョーンズは、翌朝キャッシュを釈放したのだが、その時、この歌手に薬を返してやりながら、彼はこういったのだった。

「わしは、あんたをテレビでもみたし、ラジオでも聞いたよ。あんたが歌った讃美歌のレコードもある。女房とわしは、あんたの最高のファンだ。ゆうべあんたがここへ入れられた時には、わしは胸がつぶれそうだった。ここを出て家に帰ると、わしがこの手でジョニー・キャッシュを牢に入れたと女房に話したんだ。わしは、よほどここを辞めようかと思った。そんなあんたをみるのがそれほどつらかった。さあ、薬を返すから、出ていきなさい。あんたの人生だ、好きなように生きたらいい。ただ、覚えておいてくれ。自分を生かすも殺すも、あんたの自由意志だってことを」

この言葉が深く彼の胸を打ち、キャッシュは目をさました。一カ月間、麻薬と縁をきるために闘った。それはまさに苦闘だったが、彼には支えがあった。彼はいう。「一人ではダメだ、自分には友人や家族や神が必要だということを認め、子供のようにへりくだった気持ちになったからできたのです」

## 悲しみの「どん底」にも幸福は芽吹いている

今まで、意味をはっきり限定せずに幸福という言葉をたびたび使ってきた。幸福とは、何もかもが思い通りになる状態、全く問題がない状態だと考える人も多いだろう。

しかし、それは違う。パウロは、愛があれば問題はないとか、自分と意見が異なる人との間に対立も起こらない、などといっているのではない。愛が最も大切なものだ、と述べているのだ。

愛が幸福への鍵だという考えを受け入れるなら、パウロの愛の記述からみて、幸福とは心理的状態、自分と他の人たちとの安寧《あんねい》に深くかかわる心理的状態であると考えざるを得ない。物質的な富よりも、精神的、心理的な満足に重きを置いているのだ。

こうした満足感は、問題や悲しみや苦痛を取り除きはしない。しかし、悲しみや苦痛に耐える精神的強靭さを与え、問題を挑戦に変えてくれる。

悲しみや苦痛は、画家のカンバスを連想させる。背景は、明るく輝いているよりも暗い色に塗りつぶされているほうが、明るい色がきわだってみえる。しかも、暗い背景が絵を損なうなどということはない。むしろ、強い印象を与えることのほうが多い。そこに、画家の意図を感じて感動を覚えるだろう。

幸福も同じだ。いつも幸福の絶頂にいる人には、これこそ幸福の極みだという瞬間を感じることはできないだろう。しかし、あまり幸福でない時に一筆入れた明るい色、つまり、崩壊したところに新しい生命を吹き込むこと、悲しみに打ちひしがれたところに希望をもたらすこと、打ち捨てられた人々に手をさしのべること——こうしたことによって、幸福の絶頂を感じることができるし、愛がもたらす本当の幸福を感じることができる。

## 自分を大切にしない人に、人は愛せない

パウロの有名な一章を読みなおしてみると、同胞を愛するためにはまず自分を愛さなければならないことがわかる。自尊心が、すべての基本になっているのだ。もし自分を愛していない

としたら、目標もなければ自分を測る基準もなく、人に、自分は本当にこれが好きだといえるものもなくなってしまう。

ジョージ・バーナード・ショーはこういっている。

「富を生み出さない者にそれを消費する権利はないが、それ以上に、幸福を生み出さない者に幸福を味わう権利はない」

いいかえれば、われわれはみな自分自身の中に、また他の人々の中に、幸福をつくり出す責任があるということだ。幸福をもたらすことができなければ、それを享受することもできない。パウロのコリント人への手紙によれば、人は幸福であれば、解決すべきさまざまな問題を把握し、悲しみや苦痛を乗り越え、同胞に心を注ぐことができる。

であるから、自分を愛することを第一義的に考えないわけにはいかない。自分を愛さなければ、何ものをも人に与えることはできないのだから。

さらに、人に愛されることを望むなら、愛されるに値する人間にならなければならない。そうなるには、自分自身に充分な愛情を注がなければならない。

自分を愛することからはじめよ、と説きながら、パウロもこのことを指摘している。

「愛は寛容であり、愛は情深い。またねたむことをしない。愛は高ぶらない、誇らない、無作法をしない、自分の利益を求めない、いらだたない、恨みを抱かない。不義を喜ばないで真理を喜ぶ。そしてすべてを忍び、すべてを信じ、すべてを望み、すべてを耐える」

## 爆発できない人に本物の人生はない

リーダーシップとは、人に模範を示すことだとよくいわれる。人に何かしてもらいたかったら、模範を示してそうするように仕向けることが必要だ。要するに、与えたものが返ってくるのである。人を憎めば憎まれる。不寛容には不寛容が、愛には愛が返ってくる。

自分の中に閉じ込めた愛は、愛ではない。与えなければ、力の源とはなり得ない。いいかえれば、愛は行動である。エンジン内での爆発がエンジンを動かすように、愛は動力である。愛を制約すべきものは何もない。爆発が不完全であれば、エンジンがかからないように、制約を加えれば愛も消えてしまうだろう。はじめに愛があるべきだ。そうすれば行動がそれに続くであろう。

一粒のとうもろこしをまくと、成長して一本の茎に二本のとうもろこしを実らせる。それにはおのおの、二〇〇粒ほどの実がついている。これをまた全部植えると、四〇〇ものとうもろこしが育ち、一本の茎に二本の実がなるとすると、一本からまた、四〇〇粒が穫れる。一粒の種をまいて二年目には全部で一六万粒のとうもろこしが収穫できる計算だ！　いわゆるネズミ算式の増え方である。

こういう増え方は、身のまわりにいくらでもある。たとえばカゼのビールスはあっという間に増殖し、それによってわれわれはカゼにかかるわけだが、これに対抗するように体じゅうで抗体ができ、ビールスの増殖に伴ってどんどん増えていくのだ。

こうした作用を持ちながら、その作用を見過ごしてしまいがちなものがある。それは愛だ。愛は、与えれば与えるほど増えていくものだ。人に愛を与えると、それは思いもかけないほど大きくなって自分にきちんと返ってくる。愛は、胸にしまっておいたのでは何の働きもしないだけでなく、与えなければ愛の意味はない。そして与えさえすれば、大きく広がり、さまざまな形ではね返ってくるのだ。愛は人間にとって最大の動力源なのだ。

しかし、人を愛する場合に危険はないだろうか？　確かにあり得る。その第一は、誤解されるということだ。人の窮乏に手を貸したりすると、何か自分のために利用しようという不純な動機があるのではないかと勘ぐられる場合がある。しかし、こうした危険はあっても、愛にはそれを打ち消す力があるものだ。

生まれつき体が不自由なある若い女性は、極度に人の親切を嫌った。憐れみと受け取ったのである。

しかし、彼女自身は人に何かを分かち与える能力を持った女性で、人の緊急の時などに親切にすることについては、何の矛盾も感じなかった。ある日突然、彼女は大怪我をし、友人や近所の人たちが手を貸しに集まってきた。彼女はその人たちの愛の行為をきっぱりと断わったのだが、隣人たちはこれはふだん彼女にしてもらっていることのお返しにすぎない、彼女の例にならっているにすぎないのだと説明した。こうして、愛は愛の力で事態を解決し、彼女は不健全な受け取り方を改めることができたのである。

他にもいろいろな危険はあるだろうが、愛を常に与えつづけていれば、必ず時が本当の愛をわからせてくれるものだ。その日によって愛したり愛さなかったりでは、ご都合主義のそしりを免《まぬか》れない。しかし、変わることのない愛情は、そこに起こってくるいろいろな問題を解消するに違いない。たびたびいうように、愛をあらわすということは、愛を与えることなのだから。

## 人を「許すこと」のむずかしさ、偉大さ

愛のあらわれ方のうちでも、最も偉大なものは許すという行為だが、許すことはなかなかむずかしいものだ。

誰かの行為を誤解した時、その感情は根深く残るかもしれない。その行為についての考えを長い間持ちつづけるような場合は、特にそうかもしれない。こういう考えからは憎しみや不信

が芽生えるのがふつうで、報復してやりたい、その行為をした人物に借りを返してやりたい、という欲望を持つことがあまりに多いのだ。しかし、これでは両者に不信と復讐心がつのるだけだ。不信と憎しみは、より大きな不信と憎しみを生み出していく。

許しを乞う側であろうと、許しを与える側であろうと、勇気がいるものだ。自分の寛容さに素直に応えてくれない人を許す時には、特に勇気がいる。

しかし、許しは愛の行為であり、許しも愛と同様に、時間はかかっても人間関係を修復してくれるものだ。

ただ、許す時は完全に許さなければ意味がない。九分通り許してはいるのだが、完全にではないという場合がよくある。これも全く許さないよりはマシだが、完全に許し、二度と自分の言動に影響を与えるような仲たがいはするまいと決意できるまでは、本当に許したことにはならない。

コリー・テン・ブームはその著書『わたしの隠れ場』の中で、自分の妹をナチのガス室に追いやった張本人の女性に、何年か経って出会ったことを書いている。これを許すのは、並たいていのことではない。しかし、彼女は許し、その結果その女性の人生はドラマティックなまでに好転したのである。これこそ勇気、真の勇気だろう。一人の人間の一生を復活させるほどの大きな許しには、愛が作用するのである。

## 5 この「自信」こそ人生最高の「助っ人」になる！

信じることによって、何にもまさる力が生まれてくると私は確信している。信じること、それは信仰でもあり、人や自分を信じること、自分の国を信頼することでもある。また、人間を動かす最初の力は、信じるということであると確信している。

従って、この力を使いさえすれば、どんな問題も解決できると信じている。だからといって、信念が自動的にものごとを変えていくのではない。信念がわれわれのために用意している報酬を、努力して掘り起こさなければならないのである。

### 心の奥底から湧いてくるこの「不思議な力」！

「信じること」にふれてみることはできない。しかし、その結果をみたり、その結果を手に入れることはできる。

たとえば、われわれは自動車を信頼している。車は、自分が行きたいところへ連れていってくれると思っている。手入れをし、点検し、酷使しなければ、長い道のりも安全に乗っていけるのである。

また、われわれは、休息所として家庭に信頼を置く。電気が冷蔵庫を動かし、冷凍食品を腐らせないと信じる。

われわれはこのように、具体的なものを信じている。そういったものを信頼し、安心している。そうであるべきだと思う。しかし、もっと重要なものを信じることを、忘れてはならない。つまり、神への信仰や、人や自分や国への信頼である。信仰は人生に強い意味を与え、人への信頼は強い人格を与え、自分への信頼は世界に対する希望と関心を生み出すものだ。

信じることはどんな場合にも、内から湧いてくる力の源だ。信念があれば、貧しい家に生まれたからといって貧しい人生を送らなければならないということはない。どんな治療でも治らない病気が信念によって治ることもあれば、心の痛手をいやしてくれもする。そしてまた、信念があれば恐れは消えるものだ。恐れは、実に強力な影響をおよぼすものだが、信念はそれよりさらに強力である。信念は必ず、恐れに打ち勝つのだ。

忠誠、正直、誠実、信頼、自信、無条件の信仰、これらはすべて、信じることを意味している。信じることによってわれわれは人生に目的を持たなければならないこと、人生は有意義であり得ること、われわれのすべての努力は実を結ぶべきこと、を学び取るのだ。信念――これは不安、貪欲、嫉妬、ねたみ、憎しみ、復讐心、疑惑、恐れなどと戦う最強の武器だといえよう。

## 「無関心」は凶悪犯罪に匹敵する！

なぜ人を信頼しなければならないのか？　人間は人を信頼しなければ生きていけない。われわれはその信頼を愛によって表明する。確かに、人が自分に失望することがあると同様、われわれ自身も人に失望を感じることはある。しかし、人を信じて受け入れなければ、自分も人から受け入れてもらえない。

戦争や犯罪やその他の醜い行為を人間はおかすけれども、根本的に人間は善なるものだ。戦争や犯罪やスキャンダルが起こると、いつも人間は自分はそれにかかわりたくない、それに対して何の行動もしない、という態度を取ってきた。しかし、無関心は凶悪な犯罪と同じくらい重大な罪である。人間の善良さを傷つけ荒廃させる原因になるのだ。

自分が、他の人たちを信頼している（時として失望することはあるとしても）ということがなければ、人に対して否定的な態度を取らざるを得ないだろうし、否定的な態度は決してよいものを生み出さないばかりか、神の意志にも背くことになろう。

人に接する時、最も強い愛の行為は許しであり、許すことを可能にするのは信頼である。自分を信じていなければ、勇気も自信も生まれない。そして、自分を信じる気持ちは信仰から生まれるものだ。冒険するのがいやさに行動しない人、あるいはできない人をよくみかける。恐れや不安や自信のなさから、必要な時に行動を起こすことができないのだ。何と残念なことではないか！　自分の問題を自分で解決できない人間だと人から思われたら、さらに事態は深刻になる。

必要な時には、人間のおよばない大きな力が作用することを知り、その力の正しさを信じれば、不安や自信のなさは消えていくに違いない。このことに気づけば、気持ちを行動に移す強さを身につけることができるだろう。

## いつも「楽しい刺激」をエンジョイするために

信念を持って生きるために、次の三つのことをすすめたい。

(1)　積極的な考え方をする。恐れ、貪欲、嫉妬、憎しみ、疑惑、不安といった否定的な感情を一掃すること。そうしてはじめて、信念の力が湧き、行動することができる。

(2)　自尊心を持つ。自分を信じること。自分というのは、この世に一人しかいないかけがえのないものである。自分を大切にすること。自分を玄関の靴脱ぎのように粗末に考えていたら、人から踏みつけられても仕方がないのだ。

(3)　失敗は忘れる。失敗しても一時的なものだと考え、いっそうの努力を促すものと考えて、自分が成功すると信じつづけること。失敗を敗北と考えることが本当の敗北なのだ。

心の中に信念が芽生えてきたら、しかるべき刺激を与えて実行に移さなければならない。それにはいろいろな方法があるが、基本的なものとして次の三つをあげよう。

(1)　目的を持つ。それに向かって努力する目標、あるいは対象がなければならない。目標や対象を決めて、その達成に全力をあげること。

(2)　チャンスに後込《しりご》みしない。信じるといっても何らかの危険はつきものだが、信じなければ何も成し遂げられない。

(3)　行動する。信念は努力の代用にはならない。信念があればじっとしていていいということではない。しかし、行動に裏づけられた信念は、恐怖感も絶望感も吹き飛ばしてしまう。信念は偶然できるものでも、運によるものでもない。成功もしかりだ。成功は、信念と努力のたまものなのである。

繰り返していうが、信念ほど強いものはない。すべてはここから生まれるのだ。人生の目標はすべて、信念という力がなければ実現することはできない。

# 6章

# 人生、ここまでできれば、後悔するはずがない！

才能とは自分自身の力を信じることである。

最善の努力をしたと思う時、ちょっと思いなおしてみよう。それ以上のことがいつでもできるものだと。

## 1 思いつきだけの人、それを実行できる人の「中身の差」

自己実現の実践とは行動を起こすこと——やみくもな行動ではなく、目的にかなった行動を起こすことだ。

自分の考えに沿って行動することは、少なくともその考えそのものと同じくらい大切なことなのである。

数年前、ある人に私のやり方を説明したことがあった。

彼はこういった。

「君の提案は、僕が考えついたことのあるものばかりだし、実際にみたことのある方法ばかりだ。しかしね、一つだけ重大な違いがあるんだ。君は間違いなくそれを実行しているということさ」

つまり、私は別に目新しい、世の中をあっといわせるようなアイディアを持っているわけではないし、彼より経験も少ない。ただ、彼がいうように、「その仕事をやり遂げる意志がある」のだ。

## 自分のすべてをつぎ込める「魔法の標的」を持っているか

目標を設けることによって、自分を方向づけて成功した人は多い。成功するには、自分がどこへ向かっているかを知らなければならない。

冬のオリンピックを前にして、スピード・スケートのエリック・ハイデンは自分の行きつくべきところを知っていた。目標は、との問いに、彼は答えた。

「金メダル五個を狙います」

彼は実際に五個の金メダルを獲得した。

月収六五ドルという郵便局員から自らをたたきあげて社長の地位についたある人物は、その経験から、重要なのは「自分の行きたいところを知ること。どういう人生を送りたいかを認識していなければ、貴重な時間が無駄になってしまう」と述べている。

向上したいと望む人には何らかの目標があり、それに向かって努力し才能をのばしていく。それには、計画《プラン》が必要だ。

一人の人間にとってプランとは、家を建てる建築業者にとっての青写真と同じである。青写真がなければ、形もわからず、どんな材料が必要か、何人の職人が必要か、予定通りの仕事をするにはどの程度のペースで工事を進めなければならないか、全然わからないのだ。

われわれにも何らかの青写真、つまり、定めた目標に向かって能力をのばしていくための行動プランが必要だ。

私の会社では、個人的目標という点を非常に重視し、目的意識を持った人しか雇わないことにしている。目的意識を持たない社員ばかりでは、会社を成長させることも拡張することもできないからだ。一例として、我が社では、重役たちがそれぞれ、年間目標のリストをつくる。そして年末に、その目標と実際の業績とを比べ、また新たな目標を立てるのである。

目標は当然人によって異なるが、いずれにしても達成可能なものでなくてはならない。しかも、人からいわれて立てるのではなく、自分自身の目標でなくてはならない。

個人的にも社会的にも成功した人たちは、私の知っている限り、ほとんど例外なく、成功の秘訣は目標を決めることだと話している。目標は人生に方向を与える。目標は人生の標的のど真ん中であり、成功の真髄である。目標のない人生には、意味も成長も行動もない。

## なりたい自分と現実との「距離」を着実に縮める法

そこで、自分や他の人たちを幸福にするために、自分が本心から成し遂げたいと思っている目標を設定することが重要になってくる（目標の対象となるのは財産をつくることばかりでなく、人を助けることであってもよいのだ。

優秀な学生になりたいのか、よき夫や妻になりたいのか、事業で成功をおさめたいのか、まずそういった最終的な目標を決め、それを達成するのに要する時間、努力、資金を見積もる。

ある職業につくために必要な教育を受けるのに、何年もかかるかもしれない。こうしたことも考慮に入れなければならない。また、ある分野の仕事では、目標に達する前に見習い期間が必要かもしれない。こういったことも考えておく必要がある。

目標を定めるには、一定の方法がある。何よりまず、法律や人の道にはずれるようなものはいけない。第二に、前にも述べたが、実現の可能性のあるものであること。全く不可能だとわかっていることでは望みがない。しかし、目標を立てて努力すれば、できるとは思えなかったようなことができる場合もあるのだ。また目標が自分の嫌いな仕事に関する場合は、態度を変え、全力で仕事に向かうことだ。どうしても身が入らない場合には、目標を立てる前に、充実感を味わえる、将来性のある新しい仕事を探したほうがよいだろう。

次に、今から五年、一〇年、二〇年後に達成したい目標をきちんと設定する。時期を決めるのがなぜ大切か？　目標を「区切って段階ごとに征服する」ためだ。

たとえば、私が実行していることだが、一年に五〇冊本を読むという目標。平均すると一カ月に約四冊読めばよいことになる。また、私は一年に一五〇〇キロ走ることにしているが、そのためには、一週間に三〇キロ走ればよい。節食して二〇キロ減量しようという場合、一度にそれだけやせようとするのは無茶だ。おそらく医師も、一年半くらいかけて減量するようにというだろう。その場合は一カ月に約一キロ減らせばよいことになる。

「区切って征服する」という方法を軽くみてはいけない。ずっと容易に目標に達することができるばかりか、定期的に進歩の具合をチェックすることができる。

定期的チェックというのはとても大切なことだ。予定通り進んでいるか、もう少し時間の余裕を持たせるべきかがわかる。そして、進歩を時々確かめ、予定通り進んでいることがわかれば、ますます意欲が湧いてくるものだ。また、もし予定についていけなかったり、予定より進み過ぎたりしていたら、それをできるだけ早く調整しなおすことができる。

目標達成の時々に、何らかの方法で自分に報いるべきだ。目標に達することは多くの場合容易なことではない。また、目標は容易なものであるべきでもない。多少の背のびが必要なのだ。だからこそ、自分に報いることも大切なのだ。

## 「絶体絶命のピンチ」をしのぐ"とっておきの法"

どんなに周到に計画を立てても、完全にうまくいくとは限らない。予測できないことが起こるからだ。何の前ぶれもなく、さまざまな障害が起こってくる。

危機は一種のチャンスであり、それをどうつかむかは自分自身にかかっている。危機は、さまざまな問題がそうであるように、天の恵みが形を変えたものであることが多いのだ。

だから、目標の計画には、状況に対応できるように、柔軟性を、つまりゆとりを持たせておかなければならない。何らかの理由で、計画を延期したり、早めたりしなければならなくなるかもしれない。何かもう少しよい方法がみつかるかもしれない。そういった機会を捉えるには、いつも柔軟でゆったりした態度でいることが大切だろう。

戦術にたけた軍人は、不慮の場合に備えて常に次に取るべき作戦を考えているものである。こうした第二の作戦はまさに、障害を回避する手段として使うことができる。起こり得る障害を予想することができれば、目標を立てる段階で第二の計画を考えておくことも有効だ。マイホームを持つことが目標だとすると、それが不可能になることも考えて、前もって代わりの計画を立てておくべきだろう。

しかし、あまり前もって厳密な第二計画を立ててしまうと、危険なこともあり得る。目標達成には絶え間ない努力が必要なもので、第二計画のほうが容易な場合、安易にそちらのほうへ乗りかえてしまう恐れがあるからだ。第二計画はあくまでも「心の準備」程度に考え、最初の計画が全力を尽くしてもうまくいかない場合以外は、使わないこと。最初の計画を変えるにあたっては、正しい判断力を使うことだ。甘い期待で判断を誤らないことである。

## 「険しい道程」を乗り切る十一のチェックリスト

目標を達成できるかどうかは、タイミングに関係がある。われわれは往々にして、目標を立てたり計画を実行に移したりするのに手間取りがちである。動くべき時は今、今すぐなのだ。目標を立てるのは重大事で、一刻ものばすべきではない。自分の未来は目標如何《いかん》にかかってい る。家族の幸福も、友や仕事上の知人との関係も、目標に達するかどうかにかかっている。ぐずぐずせずに、今すぐ、目標を定めて実行へと一歩を踏み出そう。

目標達成にどれだけ時間がかかるかは、目標の高さと、それに対してどれだけ努力できるかによる。現実的に考え、信念と忍耐力を持って努力することが達成を可能にしてくれるが、それでも道はなかなか険しいだろう。

だが、計画に執念を燃やし、前に述べたように「区切って征服する」コツをしっかり身につけること。このようにして時折自分の進歩を認めて自分を励ましていけば、険しい道も充実感と刺激に満ち、楽しいとさえ感じられることもあるだろう。

新しい目標を立てるべき時を見逃してはいけない。常に前進しつづけ、勇気がくじけたり、だらけたりしないように気をつけよう。否定的な考え方の人には、何事も相談してはいけない――気力を失ったり、できないと思い込んだりするのがオチだ。忠告を求めたければ、自分で目標を達成した、信念のある人に求めよう。

パイロットは、離陸する前に飛行機をチェックリストによって点検する。幸福な人生を送るためにもこうしたチェックリストが必要で、これによって短期と長期の目標をチェックするのである。ここに、私が自分の目標を達成するのに有効であった、目標を立てる際のチェックリストを紹介しよう。

*1*　個人的なものも社会的なものも、すべてを網羅するきちんとした目標を立てる。
*2*　その目標を、時間をかけてゆっくり考え、系統立てる。紙に書いてみる。
*3*　自分の考えをまとめる。自分の将来や目標の達成についての全責任を自覚すること。必要なら、信念のある人の忠告を求める。
*4*　障害を避けず直視すること。問題点を明らかにし、代案も確認しておく。それから解決の道を選ぶ。この間も前進しつづけること。
*5*　目標は、ただ待っているものではなく、人生で欲するものを手に入れるために、行動するものであること。

6 短期間ごとの目標をつくると、長期目標が容易になる。
7 重要な順に、どの目標を優先させるか考える。
8 時々目標を再検討してみる。進歩の度合をチェックする。「目標は現実的だろうか？　もっと高くを望むべきだろうか？　目標をもっと低くするべきだろうか？　経験を積んだうえでみても、まだ価値ある目標だろうか？　自分は全力を尽くしているだろうか？」等と自問自答してみるとよい。
9 必要なら、万一の場合の第二計画も立てておく。ただ、そちらのほうが安易だという理由で、最初の計画を捨てないこと。
10 決断力を発揮しよう。目標への道を選び、今すぐに歩き出すこと。
11 途中で問題にぶつかったら、それをチャンスに変えるよう心がけること。

最高の自分を考えると、目標への意欲が湧いてくるはずだ。自分がなりたいと思う人間になっているところを想像してみよう。それを脳裡に焼きつけよう。そして、最高の自分を、自分がなりたいと思っている人に近づけるにはどうすればよいかを考えてみよう。そうすることによって、目標がどういうものであるべきかが決まってくるのだ。

現在の自分をよりよく発展させる段階、それが目標であるといえる。

## 2

# どんな時でも「セルフ・スターター」になれ！

手まわしのクランクで車のエンジンを始動させていたのは、そう昔の話ではない。特にエンジンが冷えきっている場合などは、これは楽ではなかった。そのうえ、クランクをまわしている時に腕をくじいたりして、安全とは限らなかった。

やがて、安全で便利なエンジンができ、古めかしい手動式は間もなく姿を消した。いたるところにオートメーションが使われるようになるなどとは、かなり最近まで考えられないことだった。自動変速装置、冷蔵庫の自動霜取り装置、オーブンクリーナー、暗くなると自動的にともる照明、自動操縦装置、煙に反応する自動警報器等々、便利さを求めてこういったものが次々と発明されてきた。

オートメーション時代の到来である。自動的に動く機械が、手間ヒマのかかる不便な道具に取ってかわってきたのだ。

しかし、人間はどうだろう？　自動的になっただろうか？　確かに、一部の人はそうだ。いわゆる「自分から動く人《セルフ・スターター》」で、他人から説きつけられないと行動できない人より先へ行くことになる。独立して自分から起きあがり、目的達成のために動き出す人の一日は、目をさましたその時から自分のものだ。

自分はセルフ・スターターだろうか、それとも、エンジンをかけるのにクランクをまわしてくれる人を待たなければ動けない人間だろうか？

## いつも「今日はいいことがあるぞ」という気分で目をさませ！

家庭の井戸から手押しポンプで水を汲んでいた時分には、そばに水を入れた桶を置き、水が吸いあげられるまでポンプに呼び水をしたものだ。呼び水が行動を起こすのである。

では、自分にとっての呼び水とは何か？

セルフ・スターターは自分のポンプに呼び水をする。「今日はいいことがあるぞ」という気分で目をさます。目標がはっきりと頭に入っていて、それに達する計画を立てて全力を投入し、積極的な態度で問題を成功に導こうという決意に燃えている。自分と同様、他の人たちにも何をしてあげられるだろうかというような善意にあふれている。

こういう人の人生は、説得力のある夢だ。無駄にしてはいけない一つのチャンスだ。そしてセルフ・スターターはこうしたチャンスを無駄にすることはないのだ。

このように毎日高揚した気分で前進できるのは何によってか？　簡単なことである――それは自信によるのである。

## 自分に自信があるからこそ、人にも謙虚になれる

人生を生きるうえで、自信は不可欠だ。しかし自信は、自己分析をし、したいと思うことは何でもできるのだ、と確信が持てるほどになるまで絶えず努力しなければ、生まれてこないのである。

自信はエゴイズムとは違う。内部からの力を汲み出し行動する勇気を与えるものは、謙虚な自己分析だ。セルフ・スターターは、自分の長所と短所を知っていて、絶えず短所を長所に転じようとしているものだ。そして、人間は行動を通して学ぶものだと知っているから、危険があっても行動することを恐れないのだ。

彼には無駄な時間というものはない。どんな瞬間も何かの役に立ち、何らかの意味を持っている。祈りや瞑想の時間は、レクリエーションや新しい発見の時間と同様、彼の成長に重要な役割を果たす。読む本も友人も、目標の意味を深めてくれる。朝起きた時思ったように、「すばらしい一日」を過ごせるのは、自分でその日を「すばらしい一日」にするからだ。目標は終

着点ではなく、さらに大きな目標のための踏み台にすぎない。

組織の中で人に先んじるのは、こうしたセルフ・スターターだ。だからこそ、こういう人たちが求められる。毎日、従業員一人ひとりを励まし動き出させるために、時間と労力を費やすわけにはいかないからだ。

こういう人たちは人から強いられなくても、自らの向上心で動くのだ。自信と向上心が一緒になって積極的な行動を促す。セルフ・スターターの行動とは、すなわち、積極的な行動だ。

## 人の知らないところで汗を流しているか！

スポーツの選手が練習に励んで、ついにその目標である王座を手にするのをみると、私はいつも感動を覚える。

たとえば、ブルース・ジェンナー。彼はまるまる三年間を、オリンピックの準備に費やした。叱咤激励してくれるコーチがいなかったのに、彼はひたすら自分一人で練習に励んだ。自分を頼るしかなかった。しかし、彼は自分を信じていたし、努力さえすれば、十種競技に勝つことができると思っていた。そして、実際に優勝したのである。

敗北を知らないヨギ・ベラ。背の低いずんぐりした彼がヤンキース入りをした時、人々は彼を笑ったものだ。二塁にいたランナーを刺そうとして、アンパイヤにボールをぶつけてしまったこともあった。

しかし彼は自分の目標を心に誓い、決してあきらめなかった。彼もまたセルフ・スターターで、自分で自分を鍛えたのだ。自分のチームのピッチャーを助けるために、相手チームのピッチャーを徹底的に研究した。練習の後に一人残って、自分のバッティングも改善した。その結果、どうなったか？　三五八本のホームランを打ち、ワールドシリーズでいまだ誰も破ったことのない数々のすばらしい記録を打ち立てたのである。また、アメリカン・リーグでは、三回も最優秀選手に選ばれている。誰から仕向けられたものでもなく、彼は自ら行動を起こしたのであり、目標達成に必要な自信と向上心を持っていたのである。

最終目標のさらに先に向かっているだろうか？　それともそこで満足してしまうだろうか？この違いはたいしたことと思えないかもしれないが、実は巨大な一歩なのだ。先へ、さらに先へと自分を駆り立てていけば、星にまでも手が届くのではないだろうか。

自分から動き出そうと決めたら、何ものにも邪魔はさせないと誓うことだ。自分には自信があり、決してくじけることはないのだ、と。そして、その自信を絶えず行動に移すことも決意しなくてはならない。行動してはじめて、目標に到達できるのだ。

この場合、大切なのは喜んで一生懸命努力することだ。あるテレビのインタビューで、私はホリデー・インの創設者ケモンズ・ウィルソンに、事業の成功の秘訣をたずねたことがあった。彼の答えはこうだった。「成功するには、少なくとも一日の半分は働くことだと思います。昼間の一二時間だろうと夜の一二時間だろうと、それは問題ではありません」

## 3 常に「完全燃焼」して生きる人の強さ・たくましさ

首尾よく目標に達するためには、自分が持っているすべてをそれに投入しなければならない。ところが、出すべきエネルギーの半分しか出さない——心ここにあらずといった調子でやっていることが、いかに多いことか。

誰か自分と同じ程度の人が同じ目標を狙っていて、その人と競争しているとしたら、全力を出しきらなければならないだけでなく、その人よりもっと力を出さなければ勝てないだろう。

### 自分の人生に人一倍の「愛着」があるか、「ひたむきさ」があるか

生涯目標に全力を注ぐには、それへの愛着と決意とひたむきさが必要だ。努力の対象には、

尽きることのない愛着を抱かなければならないし、目標の達成にためらいや疑いを持たない決意が必要だ。そして情熱を外にあらわすばかりでなく、自分の中で情熱と決意を固めるためにも、ひたすら行動に打ち込むことが必要だ。

愛着を持つかどうか、これは主として態度の問題である。自分の目標を心からよいことだと思い、それが自分にも他人にも幸福をもたらすと思えば、できる限りの力を注いでそれを追求するべきだ。このような、成し遂げたいという強い欲求がなければ、目標に達することはおぼつかない。

愛着を最高の形であらわすのが、ひたむきさだといえよう。

ひたむきな態度によって、人は目標達成に全力を集中する。まさに積極的考え方の根本なのである。

私は常に積極的な方向へと動きつづけている。今までに何度、そんなことはできっこない、するべきではない、才能も教養も経験もないではないか、といわれてきたことだろう。私の行動を否定する意見は、もう出尽くしたように思う。しかし、私は自分の目標に向かってひたすら努力を続けてきた。

私と一緒に働いてくれる人たちも同じだ。私たちのひたむきな努力が実って、「不可能」といわれた目標が実現したのである。

## 松葉杖から一流のランナーに成長した男の人生哲学

かなり以前のことだが、カンザス州のエルクハートにある小さな小学校で、二人の兄弟が働いていた。この少年たちの仕事は、毎朝早起きして、教室のダルマストーブに火をおこしておくことだった。

ひどく冷え込んだ朝のこと、二人はいつものようにストーブを掃除して、薪《たきぎ》を入れた。兄のほうが、灯油の缶を運んできて、薪にかけ、マッチで火をつけた。

ところが、古い校舎を破壊するほどの爆発が起こった。配達のミスで、灯油の代わりにガソリンが入っていたのだった。兄は死に、弟も足に大火傷《やけど》を負った。

診察にあたった医師は、足を切断するのが一番安全な方法だという診断を下した。しかし、両親は決断力のある信念の人だった。息子を一人失ったうえに、もう一人の息子まで片足にしてしまうことを望まなかったのだ。両親は、手術を一日だけ待ってくださいと医師に頼んだ。

翌朝、両親は医師にまたもう一日のばしてもらった。

もう一日、もう一日、――こうして一週間が過ぎ、一カ月が過ぎた。その間に両親は、少年の心に、いつかはきっと歩けるようになるという信念を植えつけたのである。

とうとう包帯の取れる日がきたが、治ってみると少年の片足は一、七センチも短くなっていた。

左足の爪先の部分は焼けてほとんどなくなっていた。

しかし少年の決意はゆらぐことなく、徐々に松葉杖から独り歩きできるようになり、やがて走ることができるまでに回復していった。

この少年こそ、「世界一足の速い男」という異名をとったグレン・カニンガムなのだ。切断寸前であった足が、長距離走者としての記録をもたらすなど、誰に想像できたろうか？　グレンの名前は、世紀の選手としてマジソン・スクエア・ガーデンに記されている。

彼の物語は、固い決意と不屈の闘志によって、致命的とも思われる身体的障害を乗り越えて「不可能」な目標に到達した男の物語である。われわれが出会う障害など、グレンが世界的ランナーになるために克服した障害に比べたら、全くものの数ではないといえるだろう。

## 自ら「背水の陣」をしく者に死角はない！

自分の生涯目標、やりたいことを正直に公言するということは、非常に大切なことだ。何かをはじめるにあたって、当然何らかの才能、常識、判断力、そしていくつかの目標があるべきだ。そしていざ計画を実行に移す段になったら、達成するためにするべきことは何でもするのだと正直に公言することによって、目標に全精力を注がなければならない。公言しておけば、いやでもやり遂げざるを得なくなるだろう。

人生には、「逃げ場はない」という鉄則がある。失敗しても嘲笑されても、やり遂げなければならないのだ。自分に向かって「そんなことできるものか」という人たちを一笑に付し、前進し全力を尽くしつづけるのは、勇気と決意のいることだ。バカにされたヨギ・ベラが何をしたか、もう一度思い出してみよう。

## どんなに劣勢でも必ず「逆転の目」がある

決意を固めて全力を注ぐということは、手段を選ばないということではない。アーカンソーのフットボールのコーチ、ルー・ホルツを例に取ってみよう。

ホルツは、自分のチーム、レザーバックスをオレンジボウルに出場させ、主力選手三人を欠いたまま、オクラホマ第二位のチーム、スーナーズと対戦することになった。欠場選手の一人は強力なランニングバックで、もう一人は最高のパスレシーバーであった。彼らは学内での不祥事にかかわったということで、出場停止になっていたのだ。

三人の出場停止では、強力なスーナーズに対して全く勝ち目はなかったかもしれないが、ホルツは、ゲームに勝つよりは、チームに誇りを教えることのほうが大切だと考えて出場したのである。

オクラホマのスーナーズは、ベストメンバーがそろっている時でさえ一八点も差をつけられるほどの強敵だったが、この逆境にもめげず、ホルツは試合に備えてチームを鍛えた。そして巧みな動機づけによって、出場停止や負け犬的条件を、逆にチームを奮い立たせる要素に変えたのだった。

結果はどうなったか？　劣勢のレザーバックスは、一八点差でスーナーズを抑えたのである。この差は能力ではない。明らかにスーナーズのほうが強いチームだった。やる気が勝利をもたらしたのである。

## 人生の「安全」と「危険」はいつも背中合わせだ

高速道路を時速八〇キロで車が走っているとする。これは一つの行為だ。しかし、そこに車を走らせる運転手がいないとしたら、その行為には意味がない。

人間の行動とはそういうものだ。自分がしていることをコントロールできなければ、目的もなくなるし、善悪や有益かどうかの判断も通用しない。

目標に向かおうという人は、自分をコントロールできなければならない。自分自身の長所も短所も充分に知っていなければならない。困難にはどう対処したらよいか、失敗はどうして乗り越えるか、他の人たちとどううまく交流していくかも知らなければならない。無分別で他人に思いやりを欠いているなどということはない、という確信が持てれば、どんどん決断し実行すべきだ。人間に対する愛情を絶やしてはいけない。自分の業績に対して謙虚な気持ちを持たなければならない。

また、安全な行為と危険な行為とは紙一重であることが多い。この区別を認識できるようになることだ。迷うことがあれば、ゆっくり立ちどまって考えよう。

## 「あとちょっと」の頑張りで人生がまるで変わってくる！

「今持てる力を出す」というのが自分の能力の限界である、と考えがちなものだ。しかし、人間にはそれ以上のことができるのだ！　長距離ランナーのことを考えてみよう。全力をあげて二〇キロのコースを走ったが、三着に終わったとする。次のレースに勝ちたければ、それ以上のスピードで走らなければならない。そんな時どうするだろうか？　優勝をめざして訓練する。その結果、以前にベストだと思ったよりもっとよい記録で走れるようになる。

今日自分の最高であっても、明日もそれが最高である必要はない。そして、あとちょっと、というところを乗り越えるのは、それほどむずかしくない場合も多いのだ。

ある時、知人の一人が教えてくれた哲学に、私は感心したものだ。限界をのばすその方法を、ここに要約してみよう。

- 月給分より、少し余分に働け。
- 与えなければならない分より、少し余分に与えよ。
- したいと思うことより、少し余分に努力せよ。
- できると思うところより、少し高いところをめざせ。
- 健康や家族や友人に感謝せよ。

## 4　成功は必ず「子供」や「孫」をつれてやってくる！

バットを振らなければ、ホームランはおろかヒットも生まれない。

行為があってこそ、結果がある。目的意識を持った人たちは、行動——しかも今すぐ行動すること——があってはじめて目標が達成されるということを知っている。

## 失敗は「消去法」の一つとして考えろ！

結果がどうなるか完全にわかってからでないと行動しないということがよくあるものだ。つまり、はじめる前から成功するという確信を求める、というわけだ。

これは誤った考えだ。目的に向かって動く人にしか、チャンスは訪れない。エジソンは、白熱電球を発明する過程で、実験もせずにただ待っていたのではない。実際は、彼は実験を消去法として使ったのだ。失敗することによって、他の実験へと進むことができたのだ。何千回という失敗を重ねて、やっと成功が訪れた。何の行動も起こさなければ、エジソンは決して電球を完成させることはなかっただろう。

ベーブ・ルースはホームラン記録を打ち立てると同時に、三振の記録も樹立している。彼は、バットを振らなければホームランを打つことはできないと知っていたのだ。

しかし、エジソンもベーブ・ルースも、失敗した回数が多いから有名なのではない。彼らの名声は、その積極的な行為によって得られたものだ。音楽家たちについても、彼らがまだ未熟だった時期に何度も何度も間違ったことなど誰も覚えてはいない。欠点を克服して名手になった時に、そのすばらしい演奏が人々の記憶に残るのである。しかし、名演奏ができるようになったのは、数知れない失敗のおかげなのだ。

必ず成功するという保証を待っていたら、決して行動できない。試合は、片方が勝てば片方は負けるもの、両方勝つことなどあり得ないし、どちらの選手にしても、自分のチームが勝つという保証はない。そんな保証があるのなら、試合をする必要などない。

われわれも行動を起こし、全力を尽くし、目標を成し遂げるよう努力しなければならない。

## 最善にまさる「次善」もある！

もう一度エジソンとベーブ・ルースの話に戻ろう。二人とも偉業を成し遂げるまでに何度も失敗を味わっている。しかし、失敗が、何がいけなかったのかを教え、成功に導いてくれたのである。エジソンが否定的な考え方の持ち主だったら、われわれは今でもロウソクの下で暮らしていただろう。ベーブ・ルースがそうだとしたら、彼は無名のまま終わったであろう。しかし彼らにとって失敗は一時的なものであり、目標達成のために失敗を利用することができたのだ。オマー・ブラッドリー将軍は、ヨーロッパ戦線で勇名を馳せ、部隊から絶大な尊敬を集めていた人物だが、彼は行動について次のように述べている。

「最善の決定であっても、時間がかかりすぎたり気乗りうすで実行されるぐらいなら、素早くしかも熱を入れて実行できる次善の決定のほうがよい。日常生活も戦争と同じだ。われわれは一つの人生を与えられている。そして、周囲の状況が決心させてくれるまで待つか、自ら行動し、行動の中で生きるか、決断するのは自分自身なのだ」

## 不安・ストレス解消の最高のクスリ

行動にどれほどの価値があるかを知るためには、行動しない場合を何か想像してみるとよい。たとえばフットボールの試合。選手は入場するが、必ず勝てるかどうかわからないため、あるいは、失敗や嘲笑がこわくて、プレーをはじめない。客席からの応援もなければ、スコアボードに点も入らない。退屈しきったファンは帰ってしまう——これは何も起こらないからだ。切符の払い戻しに人が殺到し、広告業者は契約をキャンセル、そして興奮にわき返るはずのすばらしい一日がお流れになってしまうのだ。

人々は行動を期待している。それがハードで骨の折れることだけに、選手の一番よいところが、最大の魅力が発揮される。骨の折れることこそ、すばらしい効果をあげるものなのだ。

これはふつうの人の目標の場合も同じことだ。目標を達成するには、骨の折れる努力がつきもので、それを進んで引き受けなければ、目標など何の意味もなくなってしまう。

行動は最高の治療法だ。疑いも恐れも、心配も不安も、吹き飛ばしてしまう。失敗や間違いを利用し、プラスの力に変えてしまう。問題を解決する知恵と独創性が育ってくる。プレッシャーがかかっても平静を保ち、経験によって次善の策を考えられるようになる。行動こそ、それぞれの一番よいところを引き出してくれる成功への合言葉なのである。

行動とは努力、努力とは幸福を意味する。

## 自分の「真価」は行動してはじめてわかる

行動も訓練することができる。訓練というのは、間違いを指摘して二度と繰り返さないようにするばかりでなく、何度も利用できるような有意義な方針や解決策を手に入れることでもある。行動すれば自分の長所がわかるし、それを利用すべきだ。

自由型の競泳で勝ちたかったら、自分の得意な泳ぎ方、クロールとかサイドストロークとかを選ぶだろう。目標に向かう時も同じで、自分がより速く確実に進歩できる方法をみつけよう。それがみつかったら、うまくいくその方法を使うのだ。

「成功は子供や孫を連れてやってくる」とは古い格言だが、真理をついている。正しい決断を下したということがわかれば、同じような状況が起こるたびに、何度でもその決断を使えばよい。これは、医者が患者に対する方法に似ている。ある種の薬がその患者に効くとわかれば、すっかり回復するまで同じ薬を使いつづけるだろう。これが、目的にかなった行動だ。「行動したから必ず幸福になるとはいえないが、行動しなければ決して幸福にはなれない」これはイギリスの政治家ディズレーリの言葉だ。

私はさらにこうつけ加えたいと思う――幸福をもたらさない場合でも、行動は満足をもたらすと。なぜなら、「何かを成し遂げなくては」という動機づけこそ目標達成の鍵であり、一〇〇パーセント力を出しきって成功しなかったとしても、自分は全力を尽くしたのだ、よい経験をした、という自覚があれば、大きな満足感が得られるはずであるからだ。

成し遂げたい、という燃えるような望みがあれば、それに向かって行動する動機があるわけであり、行動こそ成就のための唯一の道だ。

幸せな人生への道は、自分で開くしかない。人生は水に浮かぶいかだのようなもの、絶えず櫂《かい》を動かさないと、岩に乗りあげてしまう。

## 5 この人生は「自分のために」用意されている！

ここまで読んでこられた読者は、自分の目標を実現するために役立つ知識や、自分を勇気づけるための点火剤を見つけられたのではないだろうか。この世の中はチャンスに満ちていて、誰かがつかんでくれるのを待っている。日々、新しいチャンスが生まれているのだ。しかし、チャンスをものにする鍵は、「行動」であることを忘れてはいけない。この本に書かれた人々も、考えを実行に移さなかったら、どうなっていただろう？　今日の世界は明日の世界と同じではない。自分の夢を育てながらも、周囲の変化に対応することが大切だ。自分の考えを実行する勇気を持とう。それが一生の目標を成し遂げる道につながるのだ。

## 一度だけの人生、低きに安住してはならない！

さあ、今すぐ行動しよう！　今まで他の人たちがどんなふうにやったかを学んできた。いよいよ自分の番だ。今日、決心するのだ。自分がなれる限りの最高の人間になるのだと。立ちあがって紙と鉛筆を取り、一生で望むものを手にするために、目標を書きとめ、行動の計画を立てよう。低きに安住してはいけない――持てる力をすべて出しきるのだ！

人生には、チャンスばかりでなく、苦しみ、涙、失敗がつきものだ。しかし自分が望む一生を送るためには、それらを克服し、あらん限りの情熱を持って目標に向かわなければならない。人生に敢然と立ち向かい、実現しないかもしれない目標をめざすと決心した時、当然、危険が予想される。失望することもあれば、後退を余儀なくされることもあろう。しかし、自分が望み得る最高の人間になりたいと思うなら、人生という旅を歩いていくしかないのだ。

自分という人間は、貴重な、特別な人間だ。人間の歴史がはじまって以来、どれだけの人が地球上に生きたことだろう。しかし、自分と同じ人間は一人として存在しなかったし、未来にも存在しないだろう。自分は他に比べるものもない存在なのであり、自分だけがその才能をのばすことができる。誰かの助けは必要かもしれない。が、自分に課せられたことを実行に移すのは自分自身である。この世に生を受けたことに感謝し、向上したいと願い、それを実行する能力が与えられていることに感謝しよう。

自分は、この世界にたった一人しかいない特別な人間だということを、決して忘れてはいけない。全力をあげて、誇りを持って生きるのだ！

■訳者あとがき

# この本を一日五分読むだけで、あなたの人生は確実に変わってくる!

島田 一男

いつの時代もそういわれてきたであろうが、現代は生きにくい時代である。経済的には多少のゆとりもあり、今日一日を飢える心配はないかもしれないが、それにもかかわらず、多くの人々は数えきれないほどの心理的ストレスを抱えている。経済的生活の優越者になっても、心理的ストレスにつぶされる人も多い。今日の社会的成功者は、同時に内面的・精神的成功者でないと長つづきしない。

本書は、成功するためにはどうすればよいかというハウ・ツウものの一つである。しかし、数多い類書の中での本書の特色は、『動機づけの秘蹟(秘法)』(*The Miracle of Motivation*)という原題が示すように、精神的な問題、心のあり方を中心に述べていることである。しかも、心のあり方といっても、単なる精神主義ではなく、具体的な人の心の動きを周到にみつめ、的確につかんでおり、さらにはそれを目標達成の行動とどう結びつけるかという点で、心理学的にみてもきわめて興味深い手法で書かれている。

著者のジョージ・シンは、若くして三〇にもおよぶ会社のオーナーを務め、一代にして——しかも三十代の若さで——財をなした実業家である。幼少の頃、父をなくし、家計を助けながら高校を卒業し、ビジネス・スクールに学ぶ。卒業後、事業をはじめたが失敗して破産の憂き目にあった。しかし、不屈の精神力で立ちなおり、今日の地位を築いたという。

本書は、心理学的にみてもまことに当を得た知見に満ちているが、それは彼の経歴からもわかるように、自分の体験を一つひとつ検討して得た知恵でありスピリットであるだけに、親しみが持て、しかも説得力があるのだと思う。

著者の主張は、どんな人でも成功を望んでおり、そのためには知恵や知識が必要である、だがそれにも増して「自分をその気にさせる向上心、きっかけ」が重要な鍵を握っている、というものである。自己実現するためには二つの要素があり、どこかへ行きたいと思ったり何かをしたいと思ったりする意志、つまり精神的な面と、それを実行に移す行動、つまり肉体的な面の二つがある。

成功するかどうかは運に左右されるとよくいわれる。しかし、運に恵まれて一時的な成功を手に入れることができたとしても、自分の目的意識に従って行動していなければ、せっかくつかんだ幸運も取り逃がしてしまうだろう。目的を見定め、それに向かって行動することこそ成功への道である。

著者はこういう道すじをいかに具体的に実現していくかを裏づける著者自身の体験をはじめ、多くの成功者の例を引いて、魅力のある説き方で筆を進めている。

「成功するための秘訣」などといっても、決してかつての高度成長時代の猛烈社員訓練のようなことをいっているのではない。情熱とか熱中がいかに人間の自信を生むかということから、自信が人間の能力を高め、不可能を可能にするといった人生の妙味を語っている。

また、対人関係における言葉のつかい方、心のかよい合うコミュニケーションの技術を語りながら、その基本には、他人を信頼する心、温かい人柄が形成されてはじめて技術は生きるのだと教えている。そういう意味では、著者が人間尊重主義、人格主義的なものの見方をしていることがよくわかる。

アメリカ人らしく、目標をはっきりさせて行動することがすべての解決につながると強調しているけれども、しかし、そうかといってしゃにむにゴーイング・マイウェイを語っているのではない。リラックスすることの重要性、特に、緊張のとけた心の落着きが生産的な行動のもとだとして、不安と恐れの克服法を語る。また、現代人のイライラの原因は実は「自分を大切にしない心」にあるのだと、なかなか含蓄のある見解も述べている。

失ったものの代わりに必ず得るものがあるから失敗を恐れるなとか、失敗のダメージを乗り越えるためにはどうしたらいいかといった問題は、失点を恐れる組織の中で働く者にとって考えさせられる点が多い。停滞や落ち込みに対する対処の仕方、経験の積み重ねがいかに問題解決の秘訣になるかといった問題も、積極的な生き方、仕事への取り組み方の意味について、改めて多くの示唆を与えてくれる。

このようにみてくると、本書の魅力は、著者が経験の積み重ねを材料にして仕事や人生の成功を得るために使った頭脳行動を通して得た、自己実現のための人生哲学ということになるであろう。積極的な行動者には積極性をより有効に生かす具体策を、不安や失敗を恐れながら消極的になりがちな人には慰めと積極的に生きる方法を、臆病になりがちな人には勇気と活力を与えてくれるであろう。

それが押しつけがましくなく、人の心に迫るのは、宗教の根元的な思想であり人間を救う「望・信・愛」の心が流れているからであろう。

本書は全米で、そして日本で非常に多くの読者に読みつがれてきた。このたび新装版に改める機会を得るにあたり一部再編集をほどこしてある。

あなたに自信と行動と、それを生かす「生きがい」を与える本となって新たによみがえってくれれば幸いである。

やる気《き》を起《お》こせ！

著　者　ジョージ・シン

訳　者　島田一男（しまだ・かずお）

発行者　押鐘冨士雄

発行所　株式会社三笠書房

〒112-0004　東京都文京区後楽2-23-7
電話　03-3814-1161〈営業部〉
　　　03-3814-1181〈編集部〉
振替　00130-8-22096
http://www.mikasashobo.co.jp

印刷　誠宏印刷　製本　宮田製本

ISBN4-8379-5590-8　C0030
編集責任者　前原成寿
落丁・乱丁はお取替えいたします。
＊定価・発行日はカバーに表示してあります。